DER ULTIMATIVE LEITFADEN FÜR
FÜHRUNGSKRÄFTE
ZUM
EINSATZ VON KI

Dein nicht-technischer Leitfaden für künstliche Intelligenz, Strategie und Innovation

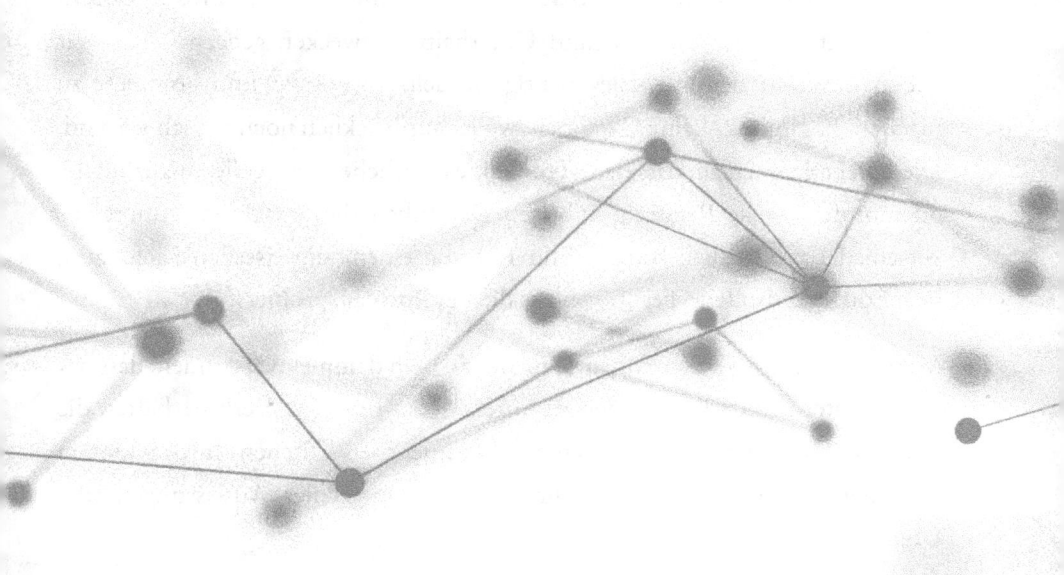

NARCISO SILVA

INHALTSVERZEICHNIS

EINLEITUNG

In der schnelllebigen Welt von heute haben Branchen vom Einzelhandel bis zum Gesundheitswesen rasante Veränderungen durchlaufen, angetrieben von der unaufhaltsamen Kraft der künstlichen Intelligenz (KI). Wenn du dich als Führungskraft in dieser umfassenden technologischen Revolution zurückgelassen fühlst, bist du nicht allein. Es ist leicht, das Gefühl zu haben, dass wir am Rand stehen, während die Welt voranschreitet. Erinnert ihr euch noch an Blockbuster? Einst ein Gigant in seiner Branche, musste das Unternehmen hilflos zusehen, wie Netflix die Bereitstellung von Inhalten revolutionierte. Aber wisst ihr wirklich, was passiert ist? Stellt euch Folgendes vor: Es ist Freitagabend in den späten 90er Jahren. Ihr betretet den Laden und werdet von Reihen über Reihen von VHS-Kassetten und DVDs, dem Geruch von Popcorn und der typischen blau-gelben Einrichtung begrüßt, die laut „Willkommen in den 90ern!" schreit.

Das Geschäftsmodell von Blockbuster war einfach: Physische Kopien von Filmen vermieten, Verspätungsgebühren verlangen und hoffen, dass die Leute vergessen, den Film zurückzuspulen (denn anscheinend war das eine Wissenschaft für sich). Das funktionierte wunderbar. In seiner Blütezeit hatte Blockbuster über 9.000 Filialen weltweit. Sie waren der unangefochtene König der Filmabende, der Torwächter der Unterhaltung, der ... Nun, du verstehst schon. Aber dann, wie in einem Film von M. Night Shyamalan, änderte sich alles. Netflix betrat die Bühne.

Es gab eine Zeit, in der Netflix DVDs per Post verschickte. Hey, man musste nicht einmal das Haus verlassen! Es gab keine Läden, keine Verspätungsgebühren und keine Flüge, die man erwischen musste. Wenn du zum dritten Mal „Gigli" ausgeliehen hast, hat dich niemand komisch angeschaut, wie damals, als du eine Blockbuster-DVD im Briefkasten hattest. Der eigentliche Wendepunkt kam jedoch 2007, als Netflix das Streaming einführte. Plötzlich konnte man Filme sofort auf dem Computer anschauen. Keine Fahrten mehr zum Laden, keine „Bitte zurückspulen"-Aufkleber mehr und definitiv keine Verspätungsgebühren mehr.

Blockbuster war wie der Typ auf der Party, der immer noch von seinem Klapphandy schwärmt, während alle anderen auf ihren iPhones rumtippen. Sie hielten an ihrem alten Modell fest und schienen den digitalen Tsunami, der auf sie zukam, nicht zu bemerken. Im Jahr 2010 musste Blockbuster Insolvenz anmelden. Heute gibt es nur noch einen einzigen Blockbuster-Laden, der wie der letzte Dinosaurier nach dem Meteoriteneinschlag in Bend, Oregon, steht. Er ist heute eher eine Touristenattraktion als ein rentables Geschäft – ein Denkmal für die Gefahren, die entstehen, wenn man sich nicht anpasst.

Die Geschäftswelt kann sich schnell verändern. Ähnlich wie die Streaming-Technologie die Videoverleihbranche revolutioniert hat, hat künstliche Intelligenz (KI) das Potenzial, fast jeden Aspekt des Lebens zu verändern. Aber im Gegensatz zu Blockbuster haben Sie dieses Buch in die Hand genommen. Anstatt sich von der KI überrollen zu lassen, sind Sie hier, um zu lernen, sich anzupassen und auf ihrer Welle mitzureiten. Und glauben Sie mir, KI zu verstehen ist viel einfacher als Ihren alten Videorekorder zu programmieren und unendlich viel nützlicher.

Für viele Führungskräfte besteht die Herausforderung nicht nur darin, mit KI-Schritt zu halten, sondern auch darin, ohne technischen

Hintergrund zu verstehen, wie man sie nutzen kann. Diese fremdartig anmutenden Algorithmen und komplexen Datensätze können zunächst einschüchternd wirken und Fragen aufwerfen wie: Wird KI meine Rolle überflüssig machen? Welche Auswirkungen wird sie auf mein Team haben? Dieses Buch soll dir versichern, dass diese Ängste nicht nur normal, sondern auch lösbar sind.

KI ersetzt Führungskräfte nicht, sondern bietet Tools, die Führungsfähigkeiten verbessern und mehr Raum für strategisches Denken und Innovation schaffen. Stell dir vor, du könntest komplexe Datensätze innerhalb von Sekunden statt Tagen oder Wochen analysieren. Ein Restaurantbesitzer nutzt KI, um vorherzusagen, welche Gerichte in der nächsten Hochsaison besonders beliebt sein werden. Mit diesem Wissen kann er seinen Lagerbestand optimieren, Verschwendung reduzieren und mit neuer Effizienz den Gewinn maximieren.

Betrachten wir nun ein Fortune-500-Unternehmen aus dem Einzelhandel. Ein Unternehmen wie Walmart nutzt KI, um riesige Mengen an Kundendaten, Wetterdaten und Wirtschaftsindikatoren zu analysieren. Dieses KI-gestützte System kann Einkaufstrends Monate im Voraus vorhersagen, sodass das Unternehmen seine Lieferkette optimieren, die Lagerbestände in Tausenden von Filialen anpassen und sogar Marketingkampagnen für Millionen von Kunden personalisieren kann.

Dies kann zu erheblichen Kosteneinsparungen, reduzierten Überbeständen und einem zufriedenstellenderen Einkaufserlebnis für die Kunden führen. Im Finanzsektor gibt es beispielsweise eine globale Investmentbank, die KI für die Risikobewertung und Betrugserkennung einsetzt. Bei der Verarbeitung von Millionen von Transaktionen in Echtzeit kann das KI-System verdächtige Muster erkennen, die menschlichen Analysten möglicherweise entgehen würden. Es kann auch

Markttrends und wirtschaftliche Faktoren bewerten, um genauere Risikoprofile für potenzielle Investitionen zu erstellen. Das schützt die Bank und ihre Kunden vor finanziellen Verlusten und eröffnet neue Möglichkeiten für strategisches Wachstum und mehr Kundenvertrauen. Diese praktischen Vorteile sind für jeden, der bereit ist, das Potenzial von KI zu nutzen, in greifbarer Nähe.

In diesem Buch begleiten wir dich Schritt für Schritt auf dieser spannenden Reise und zerlegen scheinbar komplexe Konzepte in überschaubare, umsetzbare Strategien. Du musst kein Technik-Guru sein, um KI in deine Abläufe zu integrieren. Unser Ziel ist es, dir einen klaren Fahrplan an die Hand zu geben, der genau zeigt, wie KI umgesetzt werden kann – sei es zur Automatisierung von Routineaufgaben oder zur Verbesserung von Entscheidungsprozessen. Du findest darin Beispiele aus der Praxis und Erkenntnisse, die speziell für Führungskräfte ohne technischen Hintergrund entwickelt wurden. Dies ist das einzige Buch, das du brauchst, um KI auf deinem Weg zur Führungskraft zu meistern. Wir haben alles, was eine Führungskraft ohne technischen Hintergrund über KI wissen muss, in diesem Buch zusammengefasst. Von grundlegenden Konzepten bis hin zu fortgeschrittenen Anwendungen, von ethischen Überlegungen bis hin zu Zukunftstrends – hier findest du alles. Du musst dich nicht durch dicke technische Handbücher kämpfen oder Informationen aus unzähligen Quellen zusammenstellen. Betrachte dieses Buch als deine zentrale Anlaufstelle für KI-Führungskompetenz.

Eines solltest du dabei nicht vergessen: Die Einführung von KI ist kein einmaliger Vorgang, sondern ein kontinuierlicher Prozess. In der KI wie in der Wirtschaft verändert sich die Landschaft ständig. Um in diesem neuen Zeitalter effektiv zu führen, ist eine Mentalität des kontinuierlichen Lernens unerlässlich. Genauso wie du Markttrends studierst, erfordern technologische Fortschritte die gleiche Neugier und Anpassungsfähigkeit. Darüber hinaus erfordert Führung im Zeitalter der KI mehr als nur das

Verständnis der Technologie; sie erfordert Kreativität, Empathie und Weitblick (und natürlich die Einbindung deines Teams) – Eigenschaften, die Maschinen nicht nachahmen können, aber durch gut genutzte Daten und Rechenleistung unterstützen können.

Dieses Buch richtet sich an Führungskräfte der mittleren und oberen Ebene, Teamleiter, Kleinunternehmer, Projektmanager und Führungskräfte, die inmitten des rasanten technologischen Wandels wettbewerbsfähig bleiben wollen. Egal, ob du nach Möglichkeiten suchst, die Effizienz deiner Organisation zu steigern, die Teamleistung zu verbessern oder KI in deine strategische Planung zu integrieren, hier ist für jeden etwas dabei. Dieser Leitfaden übersetzt komplexe KI-Konzepte in einfache, umsetzbare Strategien und soll dir das Selbstvertrauen geben, innovativ zu sein und erfolgreich zu sein.

> „KI zu verstehen, heißt nicht, dass man ein Experte für Algorithmen des maschinellen Lernens oder der natürlichen Sprachverarbeitung werden muss. Es geht darum, sich das Wissen anzueignen, um die richtigen Fragen zu stellen, fundierte Entscheidungen zu treffen und zukunftsorientierte Initiativen voranzutreiben."

Es geht darum, KI in dein Führungs-Toolkit zu packen, wo sie deine vorhandenen Fähigkeiten und dein Fachwissen ergänzt, statt sie zu verkomplizieren.

Betrachte diese Einführung als deinen ersten Schritt in die Welt der KI-gesteuerten Führung. Jedes der folgenden Kapitel baut auf dieser Grundlage auf und bietet praktische Einblicke und Strategien, die speziell auf die bevorstehenden Herausforderungen und Chancen zugeschnitten sind. Dieses Buch soll KI entmystifizieren und ihre Anwendbarkeit in verschiedenen Branchen veranschaulichen, indem es ihr transformatives Potenzial untersucht, ethische Überlegungen anstellt und Übungen, ein Glossar und praktische Beispiele für die Anwendung der Technologie liefert.

Je tiefer du eintauchst, desto mehr wirst du deine Sicht auf das Mögliche verändern. Die technologische Landschaft ist riesig und bietet unzählige Möglichkeiten für alle, die bereit sind, zu forschen und zu experimentieren. Sei offen für Neues und lass dich von deiner Neugierde leiten, um die außergewöhnlichen Auswirkungen von KI auf dein Unternehmen zu entdecken.

Zusammenfassend lässt sich sagen, dass dieses Buch nicht nur über KI handelt, sondern dein Sprungbrett zu einer KI-gestützten Führungskraft ist – zu einem echten Leader 2.0.

Lass deine Vorbehalte fallen und mach dich bereit für eine atemberaubende Transformation. Wenn du die letzte Seite umblätterst, wirst du als eine neue Art von Führungskraft auftauchen – eine, die mit KI-gestützten Fähigkeiten ausgestattet ist, die deine Kollegen in Staunen versetzen werden. Du wirst die Fähigkeit haben, um die Ecke zu schauen und Marktveränderungen zu antizipieren, bevor sie eintreten – und Entscheidungen mit nahezu vorausschauender Genauigkeit zu treffen.

Es geht nicht nur darum, sich an Veränderungen anzupassen, sondern auch darum, den rasanten technologischen Fortschritt erfolgreich zu meistern. Mit KI als Partner führst du mit beispielloser Einsicht, Weitsicht und Selbstvertrauen. Dein Wachstum als Führungskraft wird nicht nur schrittweise erfolgen, sondern exponentiell.

Also schnall dich an, zukünftige KI-gestützte Führungskraft. Du bist dabei, eine Reise zu beginnen, die Führung im 21. Jahrhundert neu definiert. Willkommen bei Leadership 2.0 – wo menschliche Intuition auf KI trifft und die Möglichkeiten unbegrenzt sind. Wenn du für die Zukunft planst, aktuelle Prozesse verbessern möchtest oder neugierig auf die Auswirkungen von KI bist, lass uns loslegen. Wir zeigen dir, wie KI dein Unternehmen und deine Position darin verändern kann. Starte mit KI-gestützter Führung und setze neue Maßstäbe für den Erfolg.

KAPITEL

01

Willkommen zur KI-Revolution für Führungskräfte

Um sich in der modernen Geschäftswelt zurechtzufinden, sind mehr als nur traditionelle Führungsqualitäten erforderlich. Es sind fundierte Kenntnisse über KI und ihr Potenzial zur Veränderung von Entscheidungsprozessen, Strategien und Teamdynamiken gefragt. KI ist nicht nur ein weiteres technisches Schlagwort, sondern eine bedeutende Veränderung in der Art und Weise, wie Unternehmen Führung verstehen. Durch datengestützte Erkenntnisse ermöglicht KI-Führungskräften, fundierte Entscheidungen zu treffen, die auf konkreten Beweisen beruhen, anstatt sich ausschließlich auf Intuition oder Erfahrung zu verlassen. Dieses technologische Werkzeug verbessert die strategische Planung, indem es Muster und Trends aufdeckt, die sonst verborgen blieben. Für alle Manager und Führungskräfte, die in einer so volatilen Branche relevant bleiben wollen, ist der Einsatz von KI nicht nur vorteilhaft, sondern wird zunehmend unverzichtbar.

In diesem Kapitel untersuchen wir, wie KI die Aufgaben von Führungskräften verändert und den Arbeitsplatz transformiert. Wir zeigen Wege auf, wie KI-Entscheidungsprozesse stärken und die Teamfunktionalität verbessern kann, indem sie Aufgaben durch Automatisierung effizienter macht und Zeit für Kreativität und strategisches Denken schafft. Du erfährst, wie du mit KI-Tools Innovationen vorantreibst und eine fortschrittliche Unternehmenskultur schaffen kannst. Außerdem analysieren wir, wie KI-Kompetenzen die Erfolgskennzahlen von Führungskräften beeinflussen, und untersuchen Beispiele aus der Praxis, die eine effektive Integration von KI in Unternehmen zeigen. Teamleiter, Kleinunternehmer, Projektmanager und Führungskräfte erhalten praktische Einblicke und Strategien, um die transformative Kraft der KI zu nutzen und ihre Teams und Unternehmen präzise in die Zukunft zu führen.

Die Ära der KI-gestützten Führung

In der modernen Geschäftswelt erweist sich KI als wichtiges Element für die Gestaltung von Führungsrollen. An der Spitze dieser Transformation steht die Fähigkeit der KI, Entscheidungsprozesse zu revolutionieren. Traditionell basieren Führungsentscheidungen stark auf Intuition und persönlicher Erfahrung. Diese Elemente bleiben zwar weiterhin wichtig, doch KI bringt etwas Neues mit: datengestützte Erkenntnisse. Dieser Wandel ermöglicht es Führungskräften, ihre Entscheidungen mit konkreten Beweisen statt mit bloßen Vermutungen zu untermauern. So können KI-Algorithmen beispielsweise riesige Mengen an Marktdaten analysieren, um Trends im Verbraucherverhalten vorherzusagen, sodass Führungskräfte fundiertere strategische Entscheidungen treffen können. Dies reduziert Unsicherheiten und verbessert das Vertrauen in die Entscheidungsfindung.

Teams mit KI stärken

Nach der Verbesserung der Entscheidungsfindung kann KI bei strategischem Einsatz die Teamdynamik und das Projektmanagement stärken. KI wird zwar nicht alle Probleme lösen, kann aber zu einem leistungsstarken Denkpartner und Analysewerkzeug werden. Betrachte ein Beispiel aus der Praxis, wie eine Projektmanagerin KI in ihren Arbeitsablauf integriert hat:

Sarah, Projektmanagerin bei einem Softwareunternehmen, plante und führte ein komplexes sechswöchiges Entwicklungsprojekt durch. Anstatt auf ein mythisches, allwissendes KI-System zu setzen, setzte sie während des gesamten Projektlebenszyklus strategisch vorhandene KI-Tools ein:

Erste Planung

Sarah hat ChatGPT verwendet, um ihren Projektplan zu erstellen. Sie hat detaillierte Informationen über die Teamgröße, die erforderlichen Fähigkeiten, die Projektanforderungen und die Fristen eingegeben. Mehrere Iterationen von Eingabeaufforderungen wie „Wie könnte man unter diesen Einschränkungen den Sprint-Zeitplan effizient gestalten?" und „Welche potenziellen Risiken bestehen in diesem Zeitplan aufgrund häufiger Probleme bei der Softwareentwicklung?" führten sie zu einem realistischen Projektplan. Anschließend überprüfte sie diesen Plan mit ihren Teamleitern und passte ihn anhand ihrer Fachkenntnisse und ihres Wissens über die Fähigkeiten des Teams an.

Herausforderungen angehen

Nachdem das Backend-Team mit der Datenbankoptimierung zu kämpfen hatte, kombinierte Sarah menschliche Erkenntnisse mit KI. Sie sammelte spezifische Details zu den technischen Problemen und nutzte dann ChatGPT, um mögliche Lösungen zu finden. Ihre Eingabe umfasste die aktuelle Teamzusammensetzung, spezifische technische Herausforderungen und verfügbare Ressourcen. Die KI präsentierte mehrere Optionen, darunter die Suche nach Teammitgliedern mit Datenbankerfahrung. So fand Sarah heraus, dass zwei Frontend-Entwickler über einschlägige Datenbankerfahrung aus früheren Projekten verfügten – eine Erkenntnis, die sich durch diese strukturierte Bewertung ergab.

Veränderungsmanagement

Nachdem eine dringende Kundenanforderung das Projekt beeinträchtigt hatte, setzte Sarah KI als strategisches Werkzeug ein. Sie fügte die neuen Anforderungen, den aktuellen Projektstatus und die Einschränkungen des Teams in ChatGPT ein und bat um eine Analyse verschiedener Szenarien für die Integration der Änderungen. Die KI skizzierte verschiedene Kompromisse und Priorisierungsoptionen, aber die endgültigen Entscheidungen basierten auf Sarahs Führungserfahrung und den Diskussionen mit ihrem Team.

Produktivitätsoptimierung

Sarah kombinierte grundlegende Datenanalyse-Tools und KI, um die Leistungsmuster des Teams zu analysieren. Sie konzentrierte sich auf messbare Kennzahlen und untersuchte tatsächliche Daten: Commit-Protokolle, Ticket-Bearbeitungszeiten und Team-Feedback. Anschließend verwendete sie ChatGPT, um diese Daten zu verarbeiten und mögliche Verbesserungen des Arbeitsablaufs vorzuschlagen. Dies löste produktive Teamdiskussionen über Arbeitsmuster und Präferenzen aus, die zu einer Anpassung des Zeitplans führten, der besser zum natürlichen Rhythmus des Teams passte.

Das Projekt war nicht nur aufgrund der Technologie so erfolgreich, sondern auch, weil Sarah KI-Tools strategisch einsetzte, um ihre Entscheidungs- und Problemlösungsprozesse zu stärken. Sie integrierte die analytischen Fähigkeiten der KI mit menschlichem Urteilsvermögen, Team-Input und praktischer Erfahrung. Dank dieser Methode konnte das Projekt termingerecht abgeschlossen werden, während gleichzeitig die

Moral des Teams gestärkt und Raum für Innovationsdiskussionen geschaffen wurde.

KI als Motor des Wandels

Teams mit KI zu stärken bedeutet nicht nur, Technologie zu implementieren, sondern auch einen unterstützenden Rahmen zu schaffen, um deren Vorteile zu maximieren. Eine wirksame Richtlinie für Führungskräfte besteht darin, den Teammitgliedern angemessene Schulungen und Ressourcen zur Verfügung zu stellen, damit sie KI-Tools voll ausschöpfen können. Durch die Förderung kontinuierlichen Lernens und der Weiterentwicklung von Fähigkeiten fühlen sich die Mitarbeiter sicher im Umgang mit KI bei ihren täglichen Aufgaben. Darüber hinaus sorgt die Festlegung klarer Ziele für die KI-Integration dafür, dass die Teammitglieder an einem Strang ziehen und deutlich wird, wie KI-Lösungen direkt zur Erreichung der Unternehmensziele beitragen können. Durch die Einrichtung strukturierter Support-Systeme und die Bereitstellung von Weiterbildungsmöglichkeiten fördern Führungskräfte ein Umfeld, in dem KI nicht als Hindernis, sondern als Wegbereiter gesehen wird.

Neudefinition der Erfolgskennzahlen für Führungskräfte

Die Messgrößen für Führungserfolg entwickeln sich weiter und umfassen nun auch KI-Kompetenzen. Angesichts der zunehmenden Integration von KI in Geschäftsabläufe müssen Führungskräfte nachweisen, dass sie diese Technologien verstehen und effizient nutzen können. Dazu gehören sowohl technische Kenntnisse über KI-Tools als auch strategische Einblicke in deren Einsatzmöglichkeiten zur Förderung übergeordneter Unternehmensziele. Traditionelle Parameter wie Finanzergebnisse oder Team-Moral werden nicht mehr allein über den Erfolg entscheiden. Stattdessen werden die Messgrößen erweitert, um zu bewerten, wie nahtlos Führungskräfte KI in Strategien und Arbeitsabläufe integrieren. Führungskräfte, die sich in KI-gesteuerten Umgebungen zurechtfinden, werden wahrscheinlich an die Spitze aufsteigen und ihre Fähigkeit unter Beweis stellen, sich an technologische Fortschritte anzupassen und gleichzeitig menschenorientierte Führungsqualitäten zu bewahren.

Ein weiterer wichtiger Aspekt dieser Entwicklung ist die Effektivität der KI-Integration in Unternehmen. Unternehmen erwarten heute von ihren Führungskräften, dass sie erfolgreiche KI-Implementierungen überwachen, die messbare Ergebnisse liefern. Ob es darum geht, die Kundenzufriedenheit durch KI-gesteuerte Personalisierung zu verbessern oder die betriebliche Effizienz durch automatisierte Lieferkettenprozesse zu steigern – die Fähigkeit, greifbare Vorteile aus KI-Initiativen zu ziehen, ist von entscheidender Bedeutung. Die Ausrichtung der Technologie auf die Unternehmensziele ist für eine effektive KI-Integration von entscheidender Bedeutung, da jede Implementierung direkt zum Geschäftswachstum beiträgt. Wenn du klare Ziele festlegst und KI-Projekte regelmäßig anhand dieser Kennzahlen bewertest, kannst du ihre Auswirkungen messen und deine Ansätze im Laufe der Zeit verfeinern.

Sagen wir es mal so: KI ist dein Freund, nicht dein Feind.

Wie schon gesagt, ist KI ein echter Verbündeter für Führungskräfte in der heutigen dynamischen Geschäftswelt. Anstatt menschliches Fachwissen zu ersetzen, ist KI ein starkes Tool, das die Führung verbessert, indem es Entscheidungsprozesse ergänzt und Erkenntnisse aufdeckt, die sonst vielleicht verborgen geblieben wären. Stell dir vor, du könntest riesige Datenmengen schnell analysieren, um Muster im Kundenverhalten oder Markttrends zu erkennen, die mit herkömmlichen Methoden nicht sofort sichtbar wären. Diese Erweiterung der menschlichen Fähigkeiten ermöglicht es Führungskräften, fundiertere Entscheidungen zu treffen, Strategien zu optimieren und Unsicherheiten zu reduzieren.

Nehmen wir zum Beispiel ein Unternehmen, das seine jährliche Strategieplanung durchführt. KI-Tools können historische Leistungsdaten zusammen mit Echtzeit-Marktanalysen auswerten. Solche Erkenntnisse sind super wertvoll und ermöglichen es Führungskräften, Bereiche mit Wachstumspotenzial oder Innovationsbedarf schnell zu identifizieren. Bei dieser Zusammenarbeit geht es aber nicht nur darum, sich auf Technologie zu verlassen, sondern darum, KI zu nutzen, um die strategische Weitsicht und Intuition zu verbessern, über die erfahrene Führungskräfte bereits verfügen.

> **„Im Grunde genommen macht KI nicht nur Zahlen, sondern gibt uns eine klarere Sicht, mit der wir unsere Ideen besser sehen und umsetzen können."**

Zusammenarbeit zwischen KI und Führung

Erfolgreiche Unternehmen wissen, dass KI und menschliche Intelligenz super zusammenpassen. Sie verlassen sich nicht nur auf Algorithmen, sondern sorgen dafür, dass KI die Kreativität und das strategische Denken der Leute besser unterstützt. In der Praxis heißt das, dass sie KI und menschliche Ideen nahtlos zusammenbringen. Tesla zum Beispiel nutzt KI, um Autos zu entwerfen, setzt aber auf menschliche Designer, um Kreativität einzubringen und die Bedürfnisse der Nutzer zu verstehen, die Daten allein nicht erfassen können. Diese Mischung ermöglicht technologische Leistungen, die den menschlichen Touch, der echte Innovation vorantreibt, nicht in den Hintergrund drängen. Oder nehmen wir das Beispiel von Stitch Fix, dem Online-Service für persönliche Stilberatung. Deren KI-Algorithmen verarbeiten riesige Datenmengen zu Stiltrends, Körperformen und Kundenvorlieben, um Kleidungsstücke zu kombinieren. Diese KI-generierten Empfehlungen werden aber von menschlichen Stylisten überprüft, die ihr Fachwissen in Sachen Mode, ihr Verständnis für nuancierte persönliche Vorlieben und ihre Fähigkeit, die Lifestyle-Bedürfnisse der Kunden zu interpretieren, einbringen. Diese Zusammenarbeit zwischen Menschen und KI führt zu personalisierten Stilauswahlen, die datengestützte Erkenntnisse mit der Intuition und Kreativität der Stylisten in Einklang bringen und so zu einer höheren Kundenzufriedenheit und -loyalität führen.

Die Nutzung dieser dualen Methodik erfordert allerdings eine sorgfältige Planung und Umsetzung. Eine umsetzbare Strategie könnte die Einrichtung multidisziplinärer Teams sein, in denen KI-Experten eng mit Unternehmensstrategen zusammenarbeiten. Diese funktionsübergreifenden Teams ermöglichen es, KI-gestützte Erkenntnisse mit menschenzentrierten Perspektiven in Einklang zu bringen, was zu Lösungen führt, die sowohl innovativ als auch auf reale Herausforderungen anwendbar sind. Führungskräfte sollten den kontinuierlichen Dialog zwischen diesen Teams fördern und den Wissensaustausch erleichtern, der kontinuierliche Verbesserungen und Anpassungen vorantreibt.

KI-Tools für Führungskräfte

Angesichts der Vielzahl verfügbarer KI-Tools stehen Führungskräften zahlreiche Optionen zur Verfügung, um den Verwaltungsaufwand zu reduzieren. Tools für die Terminplanung, Leistungsüberwachung und Datenauswertung können die Effizienz der täglichen Abläufe erheblich steigern. So können beispielsweise KI-gestützte Kalender Termine automatisch an die Verfügbarkeit der Teilnehmer anpassen und

Zeitfenster für eine optimale Produktivität optimieren. Leistungsüberwachungssysteme können Engpässe in Arbeitsabläufen erkennen und Kennzahlen liefern, die Teams dabei helfen, reibungsloser und effektiver zu arbeiten. In ähnlicher Weise können Manager mithilfe fortschrittlicher Datenvisualisierungstools, die komplexe Datensätze in verständliche Dashboards übersetzen, schnell relevante betriebliche Erkenntnisse gewinnen und sich so von der Verarbeitung von Rohdaten befreien.

Die große Herausforderung für Führungskräfte besteht darin, die richtigen Tools auszuwählen, die den Unternehmenszielen entsprechen und gleichzeitig die Teamdynamik verbessern. Klare Richtlinien können Führungskräften bei der Bewertung dieser Tools helfen: Sie sollten ihre spezifischen Funktionen kennen, beurteilen, wie sie sich in bestehende Systeme integrieren lassen, sicherstellen, dass sie Sicherheitsstandards erfüllen, und vor allem die Teammitglieder in den Auswahlprozess einbeziehen, um einen Konsens und Eigenverantwortung zu erreichen. Auf diese Weise setzen wir Tools nicht nur aus Gründen der Modernität ein, sondern auch wegen ihrer echten Vorteile für den täglichen Betrieb.

Angst in Engagement verwandeln

Da KI immer mehr in den Arbeitsalltag kommt, ist es klar, dass in Teams Bedenken auftauchen. Veränderungen machen oft Angst, vor allem wenn die Technologie als Bedrohung für den Arbeitsplatz gesehen wird. Auf jeden Fall haben Führungskräfte die Möglichkeit, diese Angst durch klare Kommunikation über die Rolle der KI im Unternehmen in Engagement umzuwandeln. Wenn man offen über die Vorteile und Grenzen der KI redet, steigt das Vertrauen und die Ängste werden kleiner. Wenn man klar sagt, wie KI die Arbeit von Menschen unterstützt, anstatt sie zu ersetzen, kann man Teams motivieren, KI-gestützte Ansätze anzunehmen.

Eine gute Möglichkeit, Vertrauen aufzubauen, ist, Beispiele aus dem echten Leben zu zeigen, wo KI zu positiven Ergebnissen geführt hat, ohne dass Jobs verloren gingen. Geschichten über Mitarbeiter, die dank KI neue Aufgaben übernommen oder neue Fähigkeiten gelernt haben, können Vertrauen schaffen und eine Kultur des Lernens und der Anpassungsfähigkeit fördern. Mit Schulungen, die den Mitarbeitern die nötigen Fähigkeiten für die Arbeit mit KI-Technologien vermitteln, werden sie gestärkt und potenzielle Ängste in Begeisterung und Neugierde verwandelt.

Die Welt ist in Bewegung, und die Technologie wird nie stehen bleiben.

Es ist echt wichtig, technologische Fortschritte wie KI zu nutzen. Die Geschichte hat uns schon oft gezeigt, dass es ziemlich schmerzhaft sein kann, wenn man neue Technologien nicht mitmacht.

Die Unternehmensgeschichte zeigt, wie Firmen mit neuen Technologien umgehen und dabei entweder erfolgreich sind oder scheitern – ein Muster, das sich bei der Einführung von KI wiederholt.

Schaut euch mal die wichtige Entscheidung von Borders Books Ende der 1990er Jahre an. Borders war damals führend im Buchhandel und baute seinen Erfolg auf einem riesigen Netz von Ladengeschäften auf. Mit dem Aufkommen des E-Commerce hat das Unternehmen einen großen strategischen Fehler gemacht. Anstatt eine eigene Onlinepräsenz aufzubauen, hat Borders seinen E-Commerce-Bereich an Amazon, seinen aufstrebenden Konkurrenten, übertragen. Diese Entscheidung führte 2011 zur Insolvenz von Borders und zeigt, wie die mangelnde Anpassung an technologische Veränderungen Unternehmen zerstören kann.

Ähnliches passierte in den 1970er Jahren bei Kodak. Trotz eines bedeutenden Wettbewerbsvorteils – der eigene Ingenieur Steve Sasson hatte die erste Digitalkamera entwickelt – verteidigte die Unternehmensleitung von Kodak das bestehende Filmgeschäft, anstatt digitale Innovationen voranzutreiben. Die Weigerung des Unternehmens, sein profitables Filmgeschäft zu riskieren, eröffnete Wettbewerbern wie Canon und Nikon die Möglichkeit, die digitale Revolution zu dominieren. Im Jahr 2012 meldete Kodak Insolvenz an und fiel vom Branchenführer zu einem Warnbeispiel für den Widerstand gegen technologischen Wandel (Anthony, 2016).

Frühere geschäftliche Misserfolge spiegeln die aktuellen Herausforderungen bei der Einführung von KI wider. Etablierte Technologieunternehmen sehen sich mit ähnlichen Risiken konfrontiert. Google, das mit seiner Suchmaschine eine dominante Stellung einnimmt, sieht sich nun der Konkurrenz durch neue KI-gestützte Suchalternativen gegenüber. Wie das Unternehmen mit dieser Herausforderung umgeht, entscheidet darüber, ob es seine Marktführerschaft behält oder sich den früheren Branchenriesen anschließt, die sich dem Wandel widersetzt haben.

Die Notwendigkeit kontinuierlicher Innovation kann nicht genug betont werden. Unternehmensleiter müssen das transformative Potenzial der KI erkennen und sich aktiv für deren Integration in ihre Organisationen einsetzen. Führungskräfte spielen eine wichtige Rolle bei der Förderung eines Umfelds, in dem Innovation gefördert und erwartet wird. Das bedeutet, dass sie über die bloße Anerkennung der Bedeutung der KI hinausgehen und proaktive Schritte zu ihrer Einführung unternehmen müssen. Führungskräfte müssen eine strategische Vision entwickeln, die KI-Initiativen mit langfristigen Unternehmenszielen in Einklang bringt und eine Kultur fördert, die Veränderungen begrüßt, anstatt sich ihnen zu widersetzen.

Die Kosten der Inaktivität

Um nicht auf der Stelle zu treten, sollten Unternehmen Strategien überlegen, die eine Kultur der Neugier und des ständigen Lernens fördern. Dabei geht es darum, ein Umfeld zu schaffen, in dem sich die Mitarbeiter ermutigt fühlen, neue Ideen und Technologien auszuprobieren, ohne Angst vor Fehlern zu haben. Neugier zu fördern kann zu Durchbrüchen führen, die sonst vielleicht nie entdeckt worden wären. Außerdem sorgt die Ausstattung der Mitarbeiter mit Ressourcen wie Schulungsprogrammen, Workshops und den neuesten Tools dafür, dass sie effektiv mit KI arbeiten können. Durch Investitionen in Weiterbildung können Unternehmen die Fähigkeiten ihrer Mitarbeiter verbessern und sie so besser auf zukünftige technologische Veränderungen vorbereiten.

Führungskräfte sollten der Entwicklung von Systemen, die Experimente und iterative Verbesserungen unterstützen, Priorität einräumen. Mit einer iterativen Methode können Teams KI-Anwendungen in kleineren, überschaubaren Phasen testen, wodurch das Risiko großer Ausfälle verringert und der Lernprozess beschleunigt wird. Diese Methode fördert den Feedback-Kreislauf zwischen Teams und Führungskräften und erleichtert Anpassungen und Verbesserungen in Echtzeit. So bleiben Unternehmen agil und können sich effizient an neue Trends und Technologien anpassen.

Für Führungskräfte, die KI in ihre strategische Planung integrieren möchten, ist es wichtig, mit klaren Zielen und messbaren Ergebnissen zu beginnen. Die Festlegung expliziter Ziele hilft dabei, den Fokus zu behalten, und bietet einen Rahmen für die Bewertung des Erfolgs von KI-Implementierungen. Kennzahlen wie Produktivitätssteigerungen, verbesserte Entscheidungsfähigkeiten und höhere Kundenzufriedenheit sind Indikatoren für den Fortschritt. Durch regelmäßige Bewertungen können KI-Projekte an der übergeordneten Strategie ausgerichtet werden und greifbare Vorteile liefern.

Wichtigste Punkte

▶ KI macht Führungsentscheidungen besser, indem sie Datenanalyse mit menschlicher Intuition kombiniert und so von reiner Zahlenverarbeitung zu strategischen Erkenntnissen kommt.

▶ Teams werden besser, wenn KI Routineaufgaben übernimmt, sodass sich die Leute auf kreative und strategische Aufgaben konzentrieren können.

▶ Damit KI gut funktioniert, braucht man klare Ziele und muss wirklich bereit sein, dazuzulernen, nicht nur die Technik einzusetzen.

▶ Führungskräfte, die KI nutzen, schaffen eine Kultur der Innovation und Anpassungsfähigkeit und machen ihre Unternehmen fit für die Herausforderungen der Zukunft.

▶ KI-Kenntnisse werden immer wichtiger, um in schnell wechselnden Märkten einen Vorsprung zu haben.

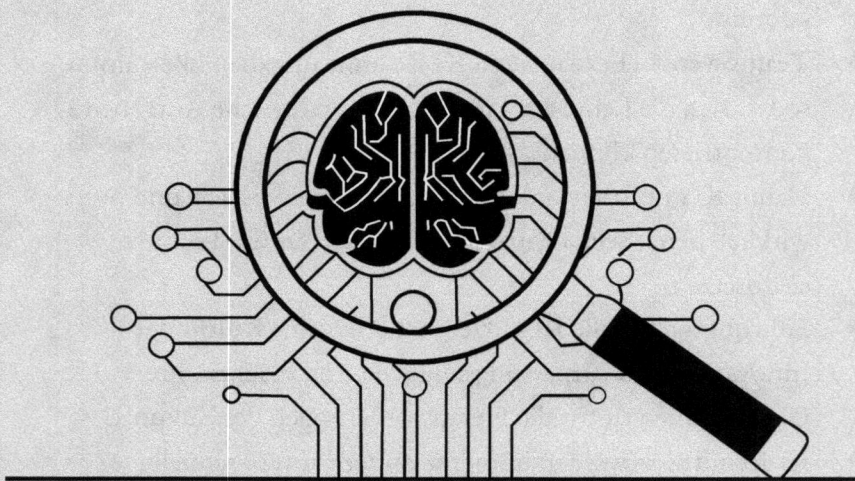

KAPITEL

02

KI entmystifizieren – Bau dir dein technisches Vokabular für Führungskräfte auf

Für Führungskräfte, die mit ihren Unternehmen an der Spitze bleiben wollen, wird es immer wichtiger, KI zu verstehen. Seien wir ehrlich: Die meisten denken immer noch, KI sei dieses mysteriöse Tech-Monster, von dem alle reden, das aber nur wenige wirklich verstehen. Das ist so, als würde man über Raketenwissenschaft reden, ohne jemals eine Rakete gesehen zu haben! Dieses Kapitel hilft dir, all die Fachbegriffe und das Tech-Jargon zu verstehen. Bei der Fülle an Infos kann es schwierig sein, das Nützliche herauszufiltern. Und hier kommt der Clou: Bei KI geht es nicht nur um Roboter oder futuristische Science-Fiction-Träume. KI ist bereits in unserem Alltag präsent und vereinfacht unser Leben auf vielfältige Weise, die wir vielleicht gar nicht bemerken. Wenn du die Wunder der KI entdecken möchtest, bietet dieses Kapitel einen umfassenden Überblick.

Lass uns die Grundlagen erkunden. Wir erklären dir die Grundlagen der KI und klären Begriffe, die oft wie Wortgeplänkel klingen. Von der schmalen KI, die bestimmte Aufgaben ausführt, bis hin zur allgemeinen KI, die sich noch in der Entwicklung befindet, findest du in diesem Kapitel alles, was du wissen musst.

Kernbegriff und Wesen der KI

Diese Aufgaben reichen vom Verstehen natürlicher Sprache bis hin zum Treffen von Entscheidungen auf der Grundlage von Dateneingaben, die alle von komplexen Algorithmen und Lernprozessen unterstützt werden. Stell dir KI als den fleißigen Arbeiter hinter Sprachassistenten wie Siri oder Alexa vor, der unsere Anweisungen erkennt und verarbeitet. Oder denk an KI in der Textvorhersage, die errät, was wir als Nächstes tippen könnten. Solche Beispiele zeigen, wie KI uns das Leben erleichtert, indem sie uns alltägliche Aufgaben abnimmt und es uns ermöglicht, uns auf strategischere Aufgaben zu konzentrieren.

Wenn du die Rolle der KI in der Führung verstehst, kann sich die Perspektive deutlich verändern. Anstatt KI als potenzielle Bedrohung für Arbeitsplätze oder Autorität zu sehen, solltest du sie als ein Werkzeug betrachten, das strategisches Denken und Entscheidungsfindung fördert. Wenn Führungskräfte dieses Konzept begreifen, können sie KI besser und ohne Angst in ihre Geschäftsmodelle integrieren. KI-gestützte Analysen helfen zum Beispiel dabei, große Datenmengen schnell zu interpretieren und Erkenntnisse zu gewinnen, die zuvor in Tabellenkalkulationen verborgen waren. Diese Fähigkeit ermöglicht es Führungskräften, schneller fundierte Entscheidungen zu treffen und damit Konkurrenten zu überflügeln, die sich ausschließlich auf traditionelle Methoden verlassen.

Genauso wichtig ist es, mit den weit verbreiteten falschen Vorstellungen über KI aufzuräumen, die der Einführung im Wege stehen. Viele sehen KI nur im Bereich der Robotik oder der Science Fiction und stellen sich futuristische Szenarien vor, in denen Roboter den Menschen ersetzen, was zu Angst und Widerstand führen kann. In Wirklichkeit ist die Rolle der KI viel breiter und vielschichtiger. Verschiedene Alltagstechnologien enthalten bereits KI, die im Stillen die Effizienz und den Komfort verbessern, ohne den Status quo zu verändern. Wenn Führungskräfte dies verstehen, können sie ein positives Umfeld schaffen, das KI als Partner für Innovationen begrüßt. Eine aufgeschlossene Haltung gegenüber KI hilft den Teams, neue Möglichkeiten zu erforschen und mit der Technologie zu experimentieren, ohne Angst zu haben, ins Unbekannte vorzudringen.

Überlege dir, wie du die Prinzipien der KI in deinem Unternehmen anwenden kannst, um das Wesen der KI zu verstehen. Führungskräfte, die über ein grundlegendes KI-Wissen verfügen, können mit Zuversicht durch die technologischen Fortschritte navigieren. Sie sind in der Lage, die Bereiche zu erkennen, in denen die Integration von KI in bestehende Strukturen die Leistung und Produktivität steigern kann. Die Erkenntnis, dass KI menschliches Talent nicht ersetzt, sondern ergänzt, kann die Moral eines Teams verändern. Anstatt KI als Ersatz zu sehen, können die Mitarbeiter/innen sie als Katalysator für ihre berufliche Entwicklung betrachten und sich von repetitiven Aufgaben befreien, um kreativere und wirkungsvollere Arbeit zu leisten.

KI verstehen: Die Grundlagen

Innerhalb des KI-Konzepts kann es leicht passieren, dass man von Fachbegriffen und Konzepten überwältigt wird. Aber wir werden alles in einfache, verdauliche Teile zerlegen, die jede Führungskraft verstehen und anwenden kann.

Was ist Schwache KI?

Schwache KI ist die Art von KI, die wir jeden Tag benutzen. Stell dir vor, es handelt sich um einen Spezialisten, der eine bestimmte Aufgabe besonders gut beherrscht. Wenn du Siri nach dem Weg fragst oder einen Chatbot auf einer Website benutzt, verwendest du Schwache KI. Diese Tools sind großartig in ihren spezifischen Aufgaben (wie der Beantwortung von Kundendienstfragen oder der Wegbeschreibung), aber sie können keine Dinge außerhalb ihres Spezialgebiets tun. Ein Chatbot, der Kunden hilft, ihre Bestellungen zu verfolgen, kann zum Beispiel nicht plötzlich Auto fahren oder Musik schreiben.

Was ist Allgemeine KI?

Allgemeine KI ist das, was du in Science-Fiction-Film siehst, oder so ähnlich. Das sind Maschinen, die denken und lernen können, genau wie Menschen. Hier kommt der wichtige Teil: Allgemeine KI gibt es noch nicht wirklich. Es ist immer noch nur ein Konzept. Wenn man das versteht, können Führungskräfte unrealistische Erwartungen vermeiden und sich stattdessen auf die echten KI-Tools konzentrieren, die heute verfügbar sind.

Praktische Anwendungen von KI

Schauen wir mal, wie Unternehmen künstliche Intelligenz gerade nutzen:

▶ *Gesundheitswesen:* KI hilft Ärzten dabei, Patientendaten zu analysieren und Gesundheitsprognosen zu erstellen.

▶ *Transport:* Selbstfahrende Autos nutzen KI, um sich zurechtzufinden.

▶ *Finanzen:* KI macht Betrugserkennung und Investitionsanalyse möglich.

▶ *Einzelhandel:* KI macht personalisierte Produktempfehlungen oder Einkaufsempfehlungen.

KI für dein Unternehmen nutzbar machen

Wenn du KI für dein Unternehmen in Betracht ziehst, solltest du Folgendes beachten:

▶ Fang mit deinen spezifischen Bedürfnissen und Herausforderungen an.
▶ Schau dir an, wie ähnliche Unternehmen KI erfolgreich einsetzen.
▶ Konzentrier dich auf praktische Lösungen, die heute echt was bringen.
▶ Denk an die besonderen Anforderungen und Vorschriften deiner Branche.

Ein KI-Glossar für Führungskräfte

In der schnelllebigen Geschäftswelt von heute ist es für Führungskräfte, die vorne bleiben wollen, echt wichtig, die KI-Begriffe zu kennen. Wenn sie die grundlegenden KI-Begriffe verstehen, können sie besser an Diskussionen teilnehmen, die die Zukunft der Branchen gestalten. Dieser Unterpunkt gibt Führungskräften die nötigen Sprachkenntnisse an die Hand, um sich in dieser transformativen Technologie zurechtzufinden, indem er ein übersichtliches Glossar mit wichtigen KI-Begriffen bereitstellt.

Maschinelles Lernen (ML)

ML ist wie ein schlauer Lehrling, der aus Erfahrungen lernt. Es ist eine Art KI, die immer besser wird, je mehr Daten sie verarbeitet. Stell dir vor, wie Netflix mit der Zeit deine Vorlieben lernt – das ist ML in Aktion. Für Führungskräfte ist es wichtig zu wissen, dass ML gute Daten braucht, um gut zu funktionieren. Ohne richtiges Datenmanagement liefern ML-Systeme keine zuverlässigen Erkenntnisse.

Verarbeitung natürlicher Sprache

Verarbeitung natürlicher Sprache ist das, was Maschinen ermöglicht, menschliche Sprache zu verstehen und darauf zu reagieren. Es ist die Technologie hinter Chatbots und virtuellen Assistenten wie Siri oder Alexa. Für Führungskräfte bietet Verarbeitung natürlicher Sprache die Möglichkeit, den Kundenservice zu automatisieren und die Kommunikation effizienter zu gestalten, während gleichzeitig eine natürliche, menschenähnliche Interaktion erhalten bleibt.

Tiefes Lernen

Tiefes Lernen ist eine fortgeschrittene Form des ML, die komplexe neuronale Netzwerke nutzt, um Daten zu analysieren. Stell dir das wie ein superleistungsfähiges Mustererkennungssystem für dein Unternehmen vor. Es eignet sich besonders gut für die Verarbeitung großer Datenmengen, um Vorhersagen zu treffen, erfordert jedoch erhebliche Rechenleistung, um effektiv zu arbeiten.

Generative KI (GenKI)

GenKI macht neue Inhalte, basierend auf dem, was es aus vorhandenen Daten gelernt hat. Das reicht vom Schreiben von Texten bis hin zur Erstellung von Bildern und Musik. Für Unternehmen kann GenKI die Erstellung von Inhalten und das Marketing total verändern, indem es personalisierte Materialien in großem Stil erstellt.

Große Sprachmodelle

Große Sprachmodelle sind echt clevere KI-Systeme, die mit riesigen Mengen an Textdaten trainiert wurden. Stell dir das wie superfortschrittliche Textvorhersage-Maschinen vor, die den Kontext verstehen und Antworten schreiben können, die fast wie von Menschen kommen. Beispiele sind GPT-4, Claude und Gemini. Für Führungskräfte sind Große Sprachmodelle echt starke Tools für die Erstellung von Inhalten, die Analyse von Daten und die automatisierte Kommunikation. Es ist aber wichtig, ihre Grenzen zu kennen und sie richtig einzusetzen.

Neuronale Netze

Neuronale Netze sind die vom Gehirn inspirierte Architektur hinter moderner KI. Stell dir diese als Schichten miteinander verbundener Knoten vor, ähnlich wie Neuronen im menschlichen Gehirn, die Informationen verarbeiten. Diese Netze ermöglichen es KI, Muster zu erkennen, Entscheidungen zu treffen und aus Erfahrungen zu lernen. In Geschäftsanwendungen kommen neuronale Netze in allen Bereichen zum Einsatz, von der Betrugserkennung im Bankwesen bis zur Qualitätskontrolle in der Fertigung.

Maschinelles Sehen

Mit Maschinelles Sehen kann KI visuelle Infos aus der Welt verstehen und verarbeiten. Das ist so, als würde man Maschinen die Fähigkeit geben, Bilder oder Videos zu sehen und zu verstehen. In Unternehmen kann diese Technologie die Qualitätskontrolle in Produktionslinien automatisieren, Sicherheitssysteme verbessern oder sogar Einzelhandelsgeschäften bei der Bestandsverfolgung helfen. Führungskräfte können Maschinelles Sehen nutzen, um Aufgaben zu automatisieren, die normalerweise eine visuelle Überprüfung durch Menschen erfordern.

Bestärkendes Lernen

Beim Bestärkendes Lernen lernt die KI durch Ausprobieren, ähnlich wie wir Menschen aus Erfahrungen lernen. Das System bekommt Belohnungen für richtige Aktionen und Strafen für Fehler, wodurch es nach und nach besser wird. Dieser Ansatz ist besonders nützlich in Situationen, in denen komplexe Entscheidungen getroffen werden müssen, wie zum Beispiel bei der Optimierung von Lieferketten oder der Verwaltung von Ressourcen.

KI-Modelle

KI-Modelle sind die Rahmenbedingungen, die es KI ermöglichen, Entscheidungen zu treffen oder Vorhersagen zu treffen. Stell dir diese Modelle wie Rezepte vor, die der KI sagen, wie sie Informationen verarbeiten soll. Verschiedene Modelle dienen unterschiedlichen Zwecken:

- ▸ *Klassifizierungsmodelle:* Daten in Kategorien sortieren
- ▸ *Regressionsmodelle:* Numerische Werte vorhersagen
- ▸ *Clustering-Modelle:* Ähnliche Elemente gruppieren

Führungskräfte sollten sich bewusst sein, dass die Wahl des richtigen Modells für eine erfolgreiche Implementierung von KI entscheidend ist.

Überwachtes Lernen vs. Unüberwachtes Lernen

Überwachtes Lernen ist vergleichbar mit einem Lehrer, der das KI-System anleitet. Die KI lernt anhand von gekennzeichneten Beispielen, um Vorhersagen über neue Daten zu treffen. Ein Beispiel hierfür ist das Training einer KI zur Erkennung betrügerischer Transaktionen anhand historischer Beispiele.

Unüberwachtes Lernen bedeutet, dass KI ohne beschriftete Daten Muster entdeckt. Es ist, als würde man die KI selbstständig Verbindungen erkunden und finden lassen. Dies ist nützlich, um Kundensegmente zu entdecken oder ungewöhnliche Muster in Daten zu identifizieren.

KI-Ethik und Voreingenommenheit

Die verantwortungsvolle Entwicklung und Nutzung von KI-Systemen ist das Ziel der KI-Ethik. Zu den wichtigsten Überlegungen gehören:

▶ *Fairness:* Sicherstellen, dass KI bestimmte Gruppen nicht diskriminiert.

▶ *Transparenz: Verstehen, wie KI Entscheidungen trifft.*

▶ *Datenschutz:* Schutz sensibler Daten.

▶ *Rechenschaftspflicht:* Festlegung der Verantwortung für KI-Ergebnisse.

Führungskräfte müssen sich aktiv mit diesen Bedenken auseinandersetzen, um Vertrauen und Compliance aufrechtzuerhalten.

Wir werden später in diesem Buch näher auf KI-Ethik und Voreingenommenheit eingehen und diesen Themen eigene Kapitel widmen.

Cloud-KI vs. Edge-KI

Cloud-KI läuft auf Remote-Servern und bietet leistungsstarke Rechenkapazitäten, erfordert jedoch eine Internetverbindung. Sie eignet sich ideal für komplexe Aufgaben, die eine hohe Rechenleistung erfordern.

Edge-KI wird direkt auf lokalen Geräten (wie Smartphones oder IoT-Geräten) ausgeführt und bietet schnellere Reaktionszeiten und einen besseren Datenschutz. Sie eignet sich perfekt für Anwendungen, die eine Echtzeitverarbeitung oder den Umgang mit sensiblen Daten erfordern.

Transformer-Modelle

Transformer-Modelle sind eine revolutionäre KI-Architektur, die sich durch ein hervorragendes Verständnis des Datenkontexts auszeichnet. Sie sind die Technologie hinter modernen Sprachmodellen wie GPT. Für Unternehmen ermöglichen Transformer-Modelle eine ausgefeiltere Textanalyse und -generierung und verbessern so alles vom Kundenservice bis zur Erstellung von Inhalten.

Prompt-Engineering

Prompt-Engineering ist die Kunst, effektiv mit KI-Systemen zu kommunizieren, um die gewünschten Ergebnisse zu erzielen. Es ist wie das Erlernen der Sprache der KI. Für Führungskräfte hilft das Verständnis der Prinzipien des Prompt Engineering dabei, den Wert von KI-Tools zu maximieren und konsistente, qualitativ hochwertige Ergebnisse zu gewährleisten.

Wichtigste Punkte

▸ KI ist ein leicht zugängliches Geschäftstool, das menschliche Fähigkeiten ergänzt, anstatt sie zu ersetzen, und bereits in viele bekannte Anwendungen integriert ist.

▸ Anstatt sich in theoretischen Komplexitäten zu verlieren, können Führungskräfte KI effektiv implementieren, indem sie sich auf praktische Anwendungen konzentrieren, die mit den Unternehmenszielen übereinstimmen.

▸ KI steigert die betriebliche Effizienz durch spezifische Anwendungen wie virtuelle Assistenten und Prädiktive Analysen, sodass sich Teams auf strategische Aufgaben konzentrieren können.

- Das Verständnis verschiedener Arten von KI hilft Führungskräften, fundierte Entscheidungen darüber zu treffen, wo und wie diese Tools in ihrem Unternehmen eingesetzt werden sollen.

- Die erfolgreiche Einführung von KI erfordert eine Entmystifizierung der Technologie, die Aufklärung häufiger Missverständnisse und den Aufbau von Vertrauen durch ein klares Verständnis ihrer Fähigkeiten und Grenzen.

KAPITEL

03

Das KI-Toolkit, das alle Führungskräfte kennen sollten

Die Erforschung von KI-Tools ist ein Weg in die Zukunft der Führung, voller Innovationen, die die Arbeitsweise von Teams und die Entscheidungsfindung von Führungskräften neu gestalten können. Angesichts der rasanten technologischen Entwicklung ist es von Vorteil, die richtigen Tools zu kennen, und es wird immer wichtiger, sich damit auszukennen. Das KI-Toolkit schafft die Grundlage für das Verständnis leistungsstarker moderner Tools wie große Sprachmodelle, die Branchen verändern, indem sie Kommunikation, Entscheidungsfindung und Produktivität effizienter denn je machen. Diese Modelle stellen eine grundlegende Veränderung in der Art und Weise dar, wie wir komplexe Aufgaben angehen und Abläufe in verschiedenen Umgebungen optimieren.

Hier werden wir uns mit den praktischen Anwendungen der derzeit einflussreichsten KI-Tools befassen. Entdecke, wie große Sprachmodelle Kommunikation und Produktivität neu definieren und konkrete Vorteile bieten, die Führungskräfte auf allen Ebenen nutzen können. Von der schnellen Generierung von Inhalten über tiefgehende Datenanalysen bis hin zu ethischen Entscheidungsfindungsrahmen – diese Tools haben viel zu bieten. Anhand von Beispielen aus der Praxis zeigen wir, wie mittlere Führungskräfte, Teamleiter und Führungskräfte in kleinen und mittleren Unternehmen nicht nur wettbewerbsfähig bleiben, sondern auch innovative Umgebungen fördern können, indem sie diese KI-Fortschritte durchdacht und effektiv einsetzen. Diese Untersuchung liefert einen Fahrplan für den Einsatz von Technologie unter Beibehaltung der unverzichtbaren menschlichen Komponente in der Führung.

Sich in der Welt der großen Sprachmodelle zurechtfinden

Große Sprachmodelle haben sich in den letzten Jahren zu einigen der faszinierendsten und vielseitigsten Tools entwickelt, die Führungskräften zur Verfügung stehen. Für alle, die ihre Fähigkeiten effektiv nutzen möchten, ist es sehr wichtig, ihre Auswirkungen zu verstehen. Große Sprachmodelle wie ChatGPT, Google Gemini, Claude und Microsoft Copilot bieten eine Vielzahl von Funktionen, die einen erheblichen Einfluss auf die moderne Führung haben.

Übersicht über beliebte Große Sprachmodelle

Schauen wir uns zunächst einmal an, was diese Modelle so besonders macht. Große Sprachmodelle verfügen über vielfältige Fähigkeiten, die von dialogorientierter KI bis hin zu komplexen Datenanalysen reichen. ChatGPT kann beispielsweise ansprechende Gespräche führen und Kommunikationsentwürfe erstellen, während Google Gemini sich durch die Synthese großer Datensätze zu verständlichen Erkenntnissen auszeichnet. Diese Vielseitigkeit ist besonders wertvoll in einer Welt, in der Kommunikation und datengestützte Entscheidungsfindung hochgeschätzte Fähigkeiten sind.

Diese Modelle helfen auch bei der Erstellung von Inhalten und multimodalen Aufgaben. Angenommen, ein Manager benötigt einen detaillierten Bericht oder eine Präsentation. Anstatt bei Null anzufangen, kann er große Sprachmodelle wie Microsoft Copilot nutzen, um Dokumente schnell zu entwerfen und zu formatieren. Solche Funktionen verschaffen Führungskräften wertvolle Zeit, um sich auf strategischere Aspekte ihrer Aufgaben zu konzentrieren.

Wenn es um ethische Entscheidungen geht, gewinnen große Sprachmodelle noch mehr an Bedeutung. Sie können Simulationen anbieten, Ergebnisse vorhersagen und sogar ethische Methoden auf der Grundlage gelernter Datensätze vorschlagen. Dank dieser Fähigkeit können Führungskräfte Entscheidungen mit einem umfassenden Blick auf mögliche Auswirkungen treffen und ihre Entscheidungen an den Werten des Unternehmens ausrichten. Claude kann beispielsweise komplexe Probleme in überschaubare Schritte vereinfachen und so Klarheit und Einblicke bieten, die fundierte und ethische Entscheidungen erleichtern.

Die Integration von große Sprachmodelle in die täglichen Arbeitsabläufe optimiert nicht nur die Produktivität, sondern revolutioniert auch die Kommunikation und strategische Planung. Im Wesentlichen ermöglicht diese Integration Führungskräften, repetitive Aufgaben zu automatisieren, Trends schnell und genau zu analysieren und Interaktionen sowohl innerhalb des Unternehmens als auch mit Kunden zu personalisieren. Für Führungskräfte in kleinen und mittleren Unternehmen (KMU) ist dieses Maß an Verbesserung besonders wichtig, um in den heutigen Märkten wettbewerbsfähig zu bleiben.

Es geht nicht nur darum, diese Tools in Ihr Arsenal aufzunehmen, sondern auch darum, ihre Grenzen zu verstehen und Bewährte Verfahren anzuwenden.

„Große Sprachmodelle bieten zwar außerordentliche Vorteile, erfordern jedoch klare Richtlinien für eine optimale Nutzung."

Führungskräfte sollten sich darauf konzentrieren, spezifische Bereiche zu identifizieren, in denen große Sprachmodelle den größten Mehrwert bieten können, und diese entsprechend implementieren. Diese gezielte Integration stellt sicher, dass die Technologie ihren beabsichtigten Zweck erfüllt, ohne die Nutzer mit Komplexität zu überfordern.

Man könnte einen Plan erstellen, der spezifische Aufgaben umreißt, die sich ideal für den Einsatz von große Sprachmodelle eignen, um so eine Ausrichtung auf übergeordnete Unternehmensziele zu ermöglichen. Regelmäßige Überprüfungen zur Bewertung der Leistung und Anpassung der Strategien sind eine weitere Möglichkeit, um festzustellen, ob sie auch langfristig von Nutzen sind. Schulungen für Mitarbeiter, die ihnen helfen, diese Modelle zu verstehen und effektiv zu nutzen, können die nahtlose Umsetzung in allen Teams weiter vorantreiben.

Durch einen proaktiven Ansatz bei der Integration von große Sprachmodelle verbessern Führungskräfte die individuelle Produktivität und fördern ein innovationsfreundliches Umfeld. Auf diese Weise rüsten sie ihre Unternehmen für die Komplexität einer digitalisierten Zukunft und ebnen den Weg für intelligentere und effizientere Abläufe.

„Wir feiern zwar das enorme Potenzial von große Sprachmodelle, dürfen aber nicht vergessen, dass sie Werkzeuge

sind, die menschliche Entscheidungen unterstützen sollen, nicht ersetzen."

Das Verständnis, die Empathie und die Kreativität, die Menschen in Führungspositionen einbringen, können nicht durch Algorithmen ersetzt werden. Daher ist es nach wie vor von entscheidender Bedeutung, ein Gleichgewicht zwischen der Nutzung technologischer Fortschritte und der Bewahrung der menschlichen Note zu finden.

Ebenso wichtig ist es, die Grenzen dieser Modelle zu verstehen. große Sprachmodelle sind trotz ihrer beeindruckenden Fähigkeiten nicht unfehlbar. Sie können sogenannte *„Halluzinationen"* produzieren – Fälle, in denen sie plausibel klingende, aber falsche oder erfundene Informationen generieren. Stell dir das so vor: Wenn du Tausende von Büchern zu einem riesigen Gehirn zusammenfassen würdest, aber einige dieser Bücher widersprüchliche oder falsche Informationen enthielten, könnte das Gehirn manchmal Fakten verwechseln oder Verbindungen herstellen, die in Wirklichkeit nicht existieren.

Diese Modelle sind im Grunde genommen ein Spiegelbild ihrer Trainingsdaten. Sie lernen aus riesigen Mengen an Informationen, einschließlich aller Unstimmigkeiten, Verzerrungen oder Fehler, die in diesen Daten vorhanden sind. Ein große Sprachmodelle könnte beispielsweise mit Überzeugung Statistiken liefern, die vernünftig klingen, aber völlig erfunden sind, oder Elemente aus verschiedenen Fakten kombinieren, um eine überzeugende, aber ungenaue Antwort zu erstellen. Aus diesem Grund bleiben menschliche Kontrolle und Überprüfung wichtig, insbesondere in Führungskontexten, in denen Entscheidungen erhebliche Auswirkungen haben können.

In der Praxis solltest du dich Zeit nehmen, um mit verschiedenen große Sprachmodelle-Funktionen zu experimentieren und die beste Lösung für verschiedene Aufgaben zu finden. Fördere einen offenen Dialog innerhalb der Teams über Erfolge und Herausforderungen bei der Verwendung dieser Modelle. Solche Diskussionen können innovative Ideen anregen und zu besseren Implementierungen führen.

Im folgenden Abschnitt werden wir auf einige dieser große Sprachmodelle eingehen und erläutern, wie du sie zu deinem Vorteil nutzen können.

ChatGPT für Kommunikation und Inhaltserstellung nutzen

Führungskräfte sind ständig auf der Suche nach Möglichkeiten, die Effizienz zu steigern und die Produktivität zu maximieren. Eines der effektivsten Tools, um dies zu erreichen, ist ChatGPT, ein KI-Sprachmodell, das entwickelt wurde, um die Kommunikation und die Erstellung von Inhalten zu optimieren. Durch die Integration von ChatGPT in den Arbeitsalltag können Führungskräfte den Zeitaufwand für Routineaufgaben erheblich reduzieren und sich so auf strategische Aufgaben konzentrieren.

Zusammenfassungen von Besprechungen und Erstellung von Berichten

Stell dir vor, du startest deinen Tag mit einer klaren und prägnanten Zusammenfassung der Meetings vom Vortag. ChatGPT kann solche Zusammenfassungen ganz einfach erstellen, sodass Führungskräfte schnell die wichtigsten Punkte erfassen können, ohne endlose Notizen oder Aufzeichnungen durchgehen zu müssen. Dieses Tool beschleunigt den Berichtsprozess, egal ob es um die Erstellung umfassender Berichte für Interessenvertreter oder um die Ausarbeitung überzeugender Präsentationen für bevorstehende Pitches geht. Die Möglichkeit, schnell hochwertige Inhalte zu erstellen, steigert die Produktivität und sorgt dafür, dass Führungskräfte in ihrer Kommunikation immer einen Schritt voraus sind.

Praktische Beispiele

Prägnanter Prompt

▶ *Mach mal eine kurze Zusammenfassung von diesem Meeting-Protokoll und konzentrier dich dabei auf die wichtigsten Entscheidungen, To-dos und Deadlines. Formatier das Ganze mit Aufzählungspunkten, damit man es schnell überfliegen kann. Ich habe gerade ein Produktentwicklungsmeeting hinter mir. Hilf mir mal, das Wichtigste in einer kurzen Zusammenfassung festzuhalten. Hier sind meine groben Notizen:*

    o *[Deine Besprechungsnotizen]:*

    o *Mach es knackig mit:*

        ▪ *wichtige Entscheidungen, die wir getroffen haben*

        ▪ *wer macht was*

        ▪ *wenn alles fällig ist*

        ▪ *irgendwelche Warnsignale, auf die wir achten sollten*

E-Mail-Management und automatische Antworten

E-Mail-Management ist ein weiterer Bereich, in dem ChatGPT glänzt. Die schiere Menge an E-Mails, die Führungskräfte täglich bekommen, kann echt überwältigend sein. Durch die Automatisierung von Antworten auf häufig gestellte Fragen oder Routinemeldungen können Führungskräfte mit ChatGPT wertvolle Zeit zurückgewinnen. Anstatt sich mit einer E-Mail nach der anderen herumzuschlagen, können sie sich auf wichtige Entscheidungen und strategische Planungen konzentrieren. Diese Verlagerung bedeutet einen erheblichen Sprung in der Effizienz des

Unternehmens, da Führungskräfte mehr Zeit für Aufgaben haben, die Wachstum und Innovation vorantreiben.

Beispiel-E-Mail-Vorlagen

Wir kennen das alle – ein voller Posteingang mit Nachrichten, die eine durchdachte Antwort brauchen. So machst du ChatGPT zu deinem persönlichen E-Mail-Assistenten:

Für knifflige Updates an Interessenvertreter

Ich muss unsere Investoren über eine Projektverzögerung informieren. Hilf mir, eine ehrliche, aber selbstbewusste E-Mail zu schreiben. Die wichtigsten Punkte sind:

[Deine Situation im Detail]

Schreib es so, dass es einfühlsam, aber professionell rüberkommt, und erwähne sowohl die Herausforderungen als auch unseren Lösungsplan.

Verhandlung und strategische Umsetzung

Effektive Verhandlungen und strategische Gespräche sind echt wichtige Fähigkeiten für Führungskräfte. Auch hier zeigt ChatGPT, was es kann. Mit ChatGPT für Rollenspiele können sich Führungskräfte auf diese wichtigen Gespräche vorbereiten.

Beispiele für Rollenspiele

Hast du eine wichtige Ankündigung zu machen? So kannst du KI-Unterstützung nutzen:

Prompt

Ich brauche dich als erfahrenen Kommunikationsleiter, der schon viele organisatorische Veränderungen erfolgreich gemeistert hat. Hilf mir dabei, eine Ankündigung für unsere neue hybride Arbeitspolitik zu schreiben. Bitte hilf mir dabei, diese Nachricht zu formulieren:

▶ Nutze deine Erfahrungen mit ähnlichen Ankündigungen.

▶ Mach das Engagement der Mitarbeiter zu einer Priorität.

▶ Geh potenzielle Probleme direkt an.

▶ Bleib positiv, aber realistisch.

▶ Die nächsten Schritte klar festlegen.

Hier sind die wichtigsten Punkte unserer Richtlinie: [deine Angaben]

Richtlinien zur Umsetzung

Klare ChatGPT-Richtlinien helfen dabei, die Nutzung optimal zu nutzen.

Tipps für verschiedene Arten von Inhalten

Zusammenfassungen und Berichte von Sitzungen

▶ Gib genaue Angaben zu Stil und Länge.

▶ Schreib die wichtigsten Punkte rein, die auf jeden Fall dabei sein müssen.

▶ Gib die Zielgruppe an.

E-Mail-Automatisierung

▶ Erstell Vorlagenbibliotheken für gängige Szenarien.

▶ Personalisierungselemente beibehalten.

▶ Regelmäßige Überprüfung und Aktualisierung der automatisierten Antworten.

Rollenspiel-Szenarien

▶ Bestimme bestimmte Situationen und Kontexte.

▶ Relevante Hintergrundinfos mit rein.

▶ Setz dir für jede Trainingseinheit klare Ziele.

Schriftliche Kommunikation

▶ Gib dem Publikum einen Kontext.

▶ Sag, was du erreichen willst.

▶ Gib auch an, wie der Ton und der Stil sein sollen.

Ob es darum geht, Eröffnungsstatements zu üben, Gegenargumente zu antizipieren oder Verhandlungsstrategien zu entwickeln – ChatGPT bietet einen sicheren Raum für Versuch und Irrtum. Führungskräfte können ihren Ansatz verfeinern, verschiedene Strategien ausprobieren und Selbstvertrauen gewinnen, bevor sie sich in wichtige Gespräche stürzen. Diese digitale Probe ermöglicht es Führungskräften, gut vorbereitet in Verhandlungen zu gehen und so ihre Chancen auf einen erfolgreichen Abschluss zu verbessern. Die Eingabeaufforderungen sollten so kontextbezogen wie möglich sein, ähnlich wie Anweisungen an einen Mitarbeiter, um die beste Arbeit zu leisten.

Neben der Verbesserung der mündlichen Kommunikation bietet ChatGPT auch eine tolle Unterstützung für die schriftliche Kommunikation. Das Feedback und die Analyse der KI können die Klarheit und Wirkung von Nachrichten erheblich verbessern, sei es in einem internen Memo, einem formellen Brief oder einer öffentlichen Erklärung. Durch Vorschläge zur Umformulierung oder Umstrukturierung von Inhalten ermöglicht ChatGPT klare und präzise auf den beabsichtigten Ton und das Ziel abgestimmte Nachrichten. Für Führungskräfte, die ihre Vision und ihre Vorgaben effektiv kommunizieren wollen, können diese Verbesserungen transformativ sein.

Um ChatGPT optimal zu nutzen, ist es wichtig, klare Richtlinien für die Verwendung zu haben. Wenn du Inhalte wie Besprechungszusammenfassungen, Berichte und Präsentationen erstellst, gib ChatGPT spezifische Vorgaben zu Stil, Länge und zu behandelnden Punkten. So kannst du sicherstellen, dass die Ergebnisse genau den

Erwartungen der Führungskraft und den Unternehmensstandards entsprechen.

Für automatisierte E-Mail-Antworten sollten vordefinierte Vorlagen festgelegt werden, die häufig gestellte Fragen beantworten und gleichzeitig eine persönliche Note bewahren. In Fällen, in denen eine individuelle Antwort erforderlich ist, kann die Fähigkeit von ChatGPT genutzt werden, einen ersten Entwurf zu erstellen, der schnell überprüft und angepasst werden kann, was wertvolle Zeit spart.

In Rollenspielszenarien sollten realistische Situationen geschaffen werden, die typische Herausforderungen in Verhandlungen oder strategischen Gesprächen widerspiegeln. Mit Hilfe von Eingabeaufforderungen kann die KI verschiedene Persönlichkeiten simulieren, wodurch Führungskräfte ihre Anpassungsfähigkeit und Reaktionsfähigkeit trainieren können.

Wenn du Feedback zu schriftlicher Kommunikation suchst, ist es hilfreich, ChatGPT den Kontext über die Zielgruppe und den Zweck der Nachricht mitzuteilen. So kann die KI ihre Vorschläge anpassen, um die Relevanz und das Engagement zu erhöhen.

Der Einfluss der Teamleistung

Führungskräfte, die KI-Tools wie ChatGPT verstehen, steigern nicht nur ihre eigene Produktivität, sondern auch die Leistung ihres Teams. Sie reduzieren den Verwaltungsaufwand, verbessern die Kommunikation und schaffen ein Arbeitsumfeld, in dem Kreativität und strategisches Denken gedeihen. Dieser Wandel führt letztendlich zu besseren Entscheidungen und fördert eine innovative Kultur innerhalb von Unternehmen.

Die Einfachheit und Zugänglichkeit von ChatGPT machen es zu einer idealen Ergänzung für Führungskräfte der mittleren und oberen Ebene sowie für Teamleiter, die möglicherweise nicht über umfangreiche technische Kenntnisse verfügen.

Dank der benutzerfreundlichen Oberfläche und den Anwendungsmöglichkeiten können Führungskräfte schon mit minimalem Schulungsaufwand oder technischen Kenntnissen loslegen. Wenn sie sich mit dem Tool besser auskennen, können sie erweiterte Funktionen entdecken und KI noch stärker in ihre Führungsstrategie einbauen. Denk daran, dass du vielleicht nicht gleich beim ersten Mal genau das bekommst, was du suchst. Aber wenn du dranbleibst, weiter übst und deine Eingaben verfeinerst, wirst du schnell den Dreh raus haben.

Microsoft Copilot in Office-Umgebungen nutzen

Manager und Teamleiter suchen immer nach Möglichkeiten, die Produktivität zu steigern und Abläufe zu optimieren. Ein Tool, das in Büroanwendungen gerade richtig aufmischt, ist Microsoft Copilot, das super in Plattformen wie Word, Excel, PowerPoint und Outlook integriert ist. Diese Integration macht die Arbeit effizienter und verändert, wie Aufgaben erledigt werden, was Führungskräften in verschiedenen Branchen das Leben leichter macht.

Dokumentautomatisierung: Die Revolution der Inhaltserstellung in Word

Copilot hat mit Microsoft Word die Dokumentenerstellung auf den Kopf gestellt, indem es nervige Aufgaben wie das Formatieren automatisch erledigt. Früher haben Mitarbeiter und Chefs stundenlang daran gearbeitet, das Aussehen ihrer Dokumente zu perfektionieren – Ränder anpassen, Schriftarten aussuchen und alles einheitlich gestalten. Mit

Microsoft Copilot geht das jetzt im Handumdrehen. Copilot nutzt KI, um die Struktur eines Dokuments zu verstehen und die erforderlichen Stile und Formate ohne menschliches Zutun anzuwenden. Wenn du zum Beispiel einen Quartalsbericht entwirfst, kann Copilot dir helfen, ein einheitliches Erscheinungsbild zu gewährleisten, indem es Überschriften, Unterüberschriften und Fließtext automatisch gemäß den Standards deines Unternehmens formatiert.

Datenanalysen: Excel für strategische Entscheidungen nutzen

In Excel verändern die Daten-Insights von Copilot die Entscheidungsprozesse, weil sie Echtzeit-Analysen bieten. In jedem Unternehmen sind fundierte Entscheidungen wichtig für den Erfolg. Stell dir einen Projektmanager vor, der entscheiden muss, wo im nächsten Quartal die Ressourcen eingesetzt werden sollen. Mit Copilot in Excel kann er sofort analytische Unterstützung bekommen, indem Trends hervorgehoben, Verbesserungsmöglichkeiten vorgeschlagen und sogar Zukunftsszenarien auf Basis vorhandener Datensätze prognostiziert werden. Nehmen wir an, die Verkaufszahlen aus verschiedenen Regionen müssen ausgewertet werden. Anstatt manuell Pivot-Tabellen zu erstellen oder komplizierte Formeln anzuwenden, erledigt Copilot diese Aufgaben in Sekundenschnelle und präsentiert die Daten in leicht verständlichen Formaten.

Präsentationsunterstützung: Bessere visuelle Kommunikation in PowerPoint

Wenn es um PowerPoint geht, hilft Copilot dabei, Präsentationen kreativ und effizient zu erstellen. Das Erstellen ansprechender Präsentationen erfordert oft viel Aufwand, von der Ausarbeitung überzeugender Erzählungen bis hin zur Gestaltung optisch ansprechender Folien. Mit Copilot wird ein Großteil dieses Prozesses vereinfacht. Das Tool kann auf der Grundlage des Inhalts der Präsentation Folienlayouts vorschlagen oder sogar zusätzliche Multimedia-Elemente wie Grafiken oder Videos empfehlen, um deine Botschaft zu unterstreichen. Stell dir vor, du bereitest eine Präsentation für einen neuen Kunden vor. Copilot hilft dir dabei, dass deine Präsentation mit maßgeschneiderten Grafiken und einem flüssigen Ablauf eine überzeugende Geschichte erzählt, sodass du dich ganz darauf konzentrieren kannst, deine Präsentation selbst sicher zu halten.

Zeitmanagement: Zeitpläne mit Outlook-Integration optimieren

Und schließlich hilft Copilot in Outlook Führungskräften dabei, ihre Termine durch die Priorisierung von Aufgaben effektiv zu verwalten. Zeitmanagement ist eine wichtige Fähigkeit für alle in Führungspositionen, und die Integration von Outlook in Copilot hebt diese Fähigkeit auf die nächste Stufe. Bei der Analyse von E-Mails, Besprechungen und Kalenderereignissen kann Copilot vorschlagen, welche Aufgaben sofort erledigt werden müssen und welche verschoben werden können. Wenn ein dringendes Kundengespräch dazwischenkommt, könnte Copilot vorschlagen, eine weniger wichtige interne Überprüfung zu verschieben, um den Termin einzuhalten. Diese intelligente Priorisierung minimiert Versäumnisse und stellt sicher, dass wichtige Aufgaben schnell erledigt werden.

Führungskräfte durch technologische Innovation stärken

Die Integrationen von Microsoft Copilot machen nicht nur die Arbeit effizienter, sondern verändern auch die Büroarbeit komplett, sodass sich Chefs auf strategische Sachen konzentrieren können, statt sich mit operativen Details rumzuschlagen. Für Manager, die nicht so mit Technik

KI FÜR FÜHRUNGSKRÄFTE |||

auf Du und Du sind, ist Copilot super einfach zu bedienen, sodass man sich nicht erst in komplizierte KI-Tools einarbeiten muss. Die intuitiven Funktionen fügen sich nahtlos in bekannte Anwendungen ein, sodass Copilot für alle Nutzer zugänglich ist.

Teampower und Erfolg im Unternehmen

Für Teamleiter und Projektmanager, die die Leistung verbessern wollen, ist Copilot ein praktischer Verbündeter. Dank Echtzeit-Feedback und Automatisierung können Teams schneller hochwertige Arbeit liefern und dabei Genauigkeit und Konsistenz gewährleisten. Auch Führungskräfte und Entscheidungsträger in KMUs können davon stark profitieren, denn in immer wettbewerbsintensiveren Branchen wird der Einsatz von KI wie Copilot immer wichtiger. Mit Copilot optimierte Abläufe und datengestützte Strategien verschaffen Unternehmen den nötigen Vorsprung, um in dynamischen Märkten erfolgreich zu sein.

Praktische Übung: Erste Schritte mit Microsoft Copilot

So nutzt du die Funktionen von Copilot:

Zugriff überprüfen: Vergewissere dich, dass du Microsoft 365 mit aktiviertem Copilot hast (frag bei Bedarf deine IT-Abteilung).

Einfach loslegen

- Microsoft Word für deine erste Erfahrung öffnen.
- Einen Bericht erstellen: Nutze Copilot, um einen Quartalsbericht zu erstellen, indem du
    - die wichtigsten Kennzahlen und Ziele deiner Abteilung beschreibst.
    - eine Gliederung von Copilot anforderst.

    o die Gliederung mit spezifischen Abteilungszielen überarbeitest.

▸ Verfeinern und anpassen: Probier verschiedene Eingabeaufforderungen aus, um das Ergebnis an deine Bedürfnisse anzupassen.

Die einzigartigen Funktionen von Google Gemini verstehen

Google Gemini ist ein echter Sprung nach vorne in der KI-Technologie und gibt Führungskräften coole Tools an die Hand, um Entscheidungen besser zu treffen und Strategien zu entwickeln. Da Unternehmen immer komplexeren Herausforderungen gegenüberstehen, bieten die ausgeklügelten Funktionen von Gemini einen Wettbewerbsvorteil bei der Navigation durch die moderne Geschäftswelt. Die Integration in Arbeitsprozesse läutet eine neue Ära ein, in der Führungskräfte Probleme lösen und Teams managen.

Nahtlose Datenintegration für umfassende Einblicke

Eine der coolen Sachen an Gemini ist, dass es Daten aus verschiedenen Quellen ganz einfach zusammenfassen und analysieren kann. Stell dir vor, du hast einen virtuellen Assistenten, der gleichzeitig Marktberichte, interne Kennzahlen und Branchentrends verarbeitet und dir dann eine klare, umsetzbare Zusammenfassung dieser Infos liefert. Diese Funktion verändert die Art und Weise, wie Führungskräfte datengestützte Entscheidungen treffen. Anstatt stundenlang Infos aus verschiedenen Quellen zu vergleichen, bekommst du mit Gemini sofort einen umfassenden Überblick über die Gesamtsituation. Zum Beispiel kann Gemini bei der Bewertung von Markterweiterungsmöglichkeiten gleichzeitig Daten von Mitbewerbern, demografische Informationen und die Verfügbarkeit interner Ressourcen analysieren, wodurch die Informationsflut reduziert und sichergestellt wird, dass keine wichtigen Faktoren übersehen werden.

Personalisierte, KI-gestützte strategische Empfehlungen

Das Besondere an Gemini ist, dass es aus den Interaktionen mit den Nutzern und den Mustern in der Organisation lernt und so maßgeschneiderte Empfehlungen geben kann. Das System passt sich deinem Führungsstil und der Teamdynamik an und macht Vorschläge, die genau zu deinem Unternehmen passen. Wenn du eine größere Veränderung planst, kann Gemini erfolgreiche Initiativen aus der Vergangenheit, Team-Leistungskennzahlen und die aktuelle Dynamik am Arbeitsplatz analysieren, um die besten Strategien für die Umsetzung vorzuschlagen. Diese Personalisierung geht über die einfache Mustererkennung hinaus und umfasst das Verständnis der Teamdynamik und der Unternehmenskultur, damit die Empfehlungen sowohl praktisch als auch kulturell passend sind.

Komplexe Abfragen in Echtzeit meistern

Die Art und Weise, wie Gemini komplexe Anfragen verarbeitet, zeigt seine fortschrittlichen Fähigkeiten. Führungskräfte können komplizierte Fragen zu Markttrends, Teamleistung oder strategischen Herausforderungen stellen und erhalten sofort umfassende, differenzierte Antworten. Stell dir vor, du musst die Auswirkungen einer möglichen strategischen Entscheidung verstehen. Gemini kann komplexe Zusammenhänge aufschlüsseln, potenzielle Risiken und Chancen aufzeigen und Strategien zur Risikominimierung vorschlagen – und das alles bei klarer Kommunikation. Diese Echtzeit-Analysefunktion ist besonders wertvoll bei strategischen

Planungssitzungen oder wenn schnelle, fundierte Entscheidungen wichtig sind.

Bessere Zusammenarbeit im Team fördern

Die Funktionen für die Zusammenarbeit von Gemini verändern die Art und Weise, wie Teams zusammenarbeiten und Erkenntnisse austauschen. Die Plattform schafft eine Umgebung, in der Informationen nahtlos zwischen den Teammitgliedern fließen und sicherstellt, dass alle Zugriff auf die gleichen hochwertigen Erkenntnisse und Analysen haben. Während einer strategischen Planungssitzung können Teammitglieder beispielsweise gemeinsam mit Gemini interagieren, auf den Fragen und Erkenntnissen der anderen aufbauen und dabei einen roten Faden in der Analyse beibehalten. Dieser kollaborative Ansatz verbessert die Entscheidungsqualität und fördert den Konsens und das Verständnis im Team.

Transparenz und Wissensaustausch fördern

Gemini macht es einfacher, Einblicke und Analysen für alle zugänglich zu machen, und hilft so, eine transparentere Unternehmenskultur aufzubauen. Die Teammitglieder können besser verstehen, warum Entscheidungen getroffen werden, wie man zu Ergebnissen kommt, und ihre eigenen Ideen in die Analyse einbringen. Diese Transparenz stärkt das Vertrauen und das Engagement, was wiederum dazu führt, dass strategische Initiativen besser umgesetzt werden und das Team besser zusammenarbeitet.

Praktische Übung: Erste Schritte mit Gemini

So nutzt du die Funktionen von Gemini richtig:

Zugang und erste Einrichtung
1. Geh auf bard.google.com, um die Gemini-Oberfläche zu sehen.

2. Mach dich mit den grundlegenden Funktionen der Plattform vertraut.

Formulierung strategischer Fragen
1. Fang mit einer dringenden Herausforderung in deiner Branche an.
2. Formuliere deine Frage so, dass sie mehrere Aspekte des Themas abdeckt.
3. Zum Beispiel: „Wie könnten sich veränderte Verbraucherpräferenzen in unserer Branche in den nächsten zwei Jahren auf unsere Produktstrategie auswirken?"

Interaktive Analyse
1. Geh auf die erste Antwort von Gemini ein, indem du weitere Fragen stellst.
2. Schau dir deine Herausforderung mal aus verschiedenen Blickwinkeln an.
3. Achte darauf, wie Gemini mehrschichtige Abfragen verarbeitet.

Teamintegration
1. Teile deine Erkenntnisse mit deinem Team.
2. Fördere die Zusammenarbeit mit der Plattform.
3. Nutze die Analyse von Gemini als Ausgangspunkt für tiefere strategische Diskussionen.

Claude für analytische Aufgaben und ethische Überlegungen nutzen

Claude ist echt cool, weil es super programmieren kann – es kann Code analysieren, Fehler finden und funktionierenden Code erstellen. Das ist super für technische Chefs, die Entwicklungsteams leiten, und auch für Leute in Führungspositionen, die nicht so viel Ahnung von Technik haben, aber technische Lösungen verstehen oder entwickeln müssen.

Ingenieure können Claude zum Beispiel nutzen, um die Code-Architektur zu checken und Verbesserungen zu finden, während andere Chefs damit einfache Webseiten oder automatisierte Arbeitsabläufe über einfache Gespräche erstellen können.

Ethik in KI-gesteuerte Führung einbauen

Neben seinen Analyse- und Codierungsfähigkeiten zeigt Claude auch sein eingebautes ethisches Bewusstsein. Wenn es Führungskräften hilft, strategische Entscheidungen zu treffen, denkt es immer an die ethischen Auswirkungen und liefert transparente Begründungen für seine Vorschläge. Führungskräfte können KI-gestützte Erkenntnisse nutzen und dabei sicher sein, dass ihre Entscheidungen sowohl mit den Werten des Unternehmens als auch mit ethischen Standards übereinstimmen – ein wichtiger Vorteil, da der verantwortungsvolle Einsatz von KI immer wichtiger wird.

Bessere Inhaltserstellung und Wissensmanagement

Claudes Hilfe bei der Erstellung langer Texte ist echt super. Führungskräfte müssen oft umfassende Berichte, Whitepaper oder Thought-Leadership-Artikel erstellen – Aufgaben, die viel Zeit und Arbeit kosten können. Claude macht diesen Prozess einfacher, indem er Daten organisiert und zusammenhängende Texte erstellt, sodass Führungskräfte mehr Zeit für andere wichtige Sachen haben. Egal, ob es um detaillierte Projektberichte oder visionäre Artikel geht, Claude hilft dabei, Inhalte zu erstellen, die die Leute interessieren und informieren.

Sprachbarrieren in der globalen Führung überwinden

Mehrsprachigkeit ist für Führungskräfte, die weltweit tätig sind, echt wichtig. Auch hier ist Claude top und bietet nahtlose Übersetzungs- und

Sprachverarbeitungsdienste. Das verbessert die Kommunikation über Grenzen hinweg und macht es für Führungskräfte einfacher, internationale Teams zu leiten, mit verschiedenen Märkten zu kommunizieren und Marktanalysen in mehreren Sprachen durchzuführen. Durch den Abbau von Sprachbarrieren erweitert Claude die Reichweite und Effektivität von Unternehmensstrategien und ermöglicht fundiertere Entscheidungen in unterschiedlichen kulturellen Kontexten.

Optimierung der Datenintegration und System-Synergie

Um die Möglichkeiten von Claude voll auszuschöpfen, ist es sinnvoll, ihn mit den bestehenden Datenquellen in deinem Unternehmen zu verbinden. So kann Claude auf einen riesigen Informationspool zugreifen und bessere, kontextbezogene Analysen liefern. Die Genauigkeit der KI-gesteuerten Empfehlungen, die auf die individuellen Anforderungen und Ziele deines Unternehmens zugeschnitten sind, wird durch diese Integration verbessert. Bei der Implementierung von Claude solltest du die Zusammenarbeit mit IT-Teams in Betracht ziehen, um einen reibungslosen Datenfluss zwischen bestehenden Systemen und dem KI-Tool sicherzustellen. Durch diese Zusammenarbeit können die Empfehlungen von Claude auf der Grundlage der relevantesten und aktuellsten verfügbaren Informationen erstellt werden.

Komplexe Abfragen meistern

Außerdem hilft Claudes Stärke bei der Bearbeitung komplizierter Anfragen Entscheidungsträgern, wenn sie Fragen mit vielschichtigen Antworten brauchen. Wenn es darum geht, riesige Datensätze zu analysieren und wichtige Muster zu erkennen, ermöglicht Claude Führungskräften, Anfragen klar und vorausschauend zu bearbeiten. Das ist besonders nützlich für Leute, die komplizierte Probleme schnell verstehen müssen, zum Beispiel bei Verhandlungen oder Strategiesitzungen.

Praktische Umsetzungsschritte

Um Claude effektiv zu nutzen

- ▶ Schau dir Claude über die richtigen Kanäle an und mach dich mit der Benutzeroberfläche vertraut.

- ▶ Beginne mit einer konkreten organisatorischen Herausforderung, die ethische Überlegungen erfordert.

- ▶ Claude nutzen, um die Situation aus verschiedenen Blickwinkeln zu checken.

- ▶ Dokumentiere Erkenntnisse und erstelle auf der Grundlage von Claudes Analyse umsetzbare Pläne.

- ▶ Entwickle und verbessere Richtlinien für den ethischen Einsatz von KI in deiner Organisation.

DALL-E für die Erstellung visueller Inhalte ausprobieren

Erinnerst du dich an die Zeiten, als du ein perfektes Bild für deine Präsentation gebraucht hast, aber Stockfotos einfach nicht das Richtige waren? Oder als du versucht hast, deinem Team deine Vision zu erklären, und Worte allein nicht ausreichten? DALL-E ist dein neuer kreativer Partner für die Visualisierung von Führungskompetenzen. Stell dir vor, du hättest einen professionellen Künstler rund um die Uhr zur Verfügung.

Individuelle visuelle Kommunikation aktivieren

Die Zeiten, in denen man sich mit generischen Stockfotos zufrieden geben musste, die schreien: „Das habe ich vor fünf Minuten im Internet gefunden", sind vorbei. DALL-E verwandelt deine Worte in einzigartige, maßgeschneiderte Bilder, die perfekt zu deiner Botschaft passen. Möchtest du deinem Team zeigen, wie es einen Berg aus Daten erklimmt? Oder vielleicht einen Leuchtturm, der Schiffe durch ein Meer von Marktherausforderungen lots? DALL-E kann diese metaphorischen Meisterwerke in Sekundenschnelle erstellen.

Das Abstrakte sichtbar machen: Vom Konzept zur Realität

Eine der größten Herausforderungen für Führungskräfte ist es, abstrakte Konzepte gut rüberzubringen. Wie zeigt man „Marktverwerfungen" oder „organisatorische Agilität"? DALL-E ist super darin, solche abstrakten Ideen in konkrete Bilder zu verwandeln, die bei deinem Publikum ankommen.

Hier ein paar praktische Beispiele:

▸ *Strategische Planung: Stell dir verschiedene Zukunftsszenarien für dein Team vor.*

▸ *Change-Management: Erstelle Vorher-Nachher-Darstellungen von organisatorischen Änderungen.*

▸ *Innovationsworkshops: Erstelle visuelle Impulse für Brainstorming-Sessions.*

Hinweis: Wenn du Bilder für Präsentationen machst, fang mit einer klaren, detaillierten Beschreibung an. Anstatt einfach „Menschen bei der Arbeit" zu sagen, beschreib lieber ein buntes Team, das in einem modernen Büro zusammenarbeitet, mit holografischen Displays, viel Tageslicht und Business-Casual-Kleidung.

Design-Iteration: Schnelligkeit trifft Kreativität

DALL-E macht Schluss mit dem ewigen Warten auf Designänderungen. Du willst ein Konzept in verschiedenen Stilen, Blickwinkeln oder Kontexten sehen? Frag einfach nach. Das ist wie ein Designteam, das so schnell arbeitet wie du denkst.

Schneller Erfolg: Nutze DALL-E, um mehrere Versionen desselben Konzepts für A/B-Tests in deinen Marketingmaterialien zu erstellen. Dein Marketingteam wird dir dankbar sein.

Die visuelle Identität deiner Marke aufbauen

Die visuelle Identität deiner Marke ist wie der Handschlag deines Unternehmens: Sie muss einheitlich, einprägsam und authentisch sein. DALL-E hilft dir dabei, diese Einheitlichkeit zu wahren und gleichzeitig neue Inhalte zu erstellen für:

- ▶ Social-Media-Beiträge
- ▶ interne Kommunikation
- ▶ Marketingkampagnen
- ▶ Schulungsunterlagen

Los geht's: Deine erste DALL-E-Kreation

Hier ist eine Schritt-für-Schritt-Anleitung, wie du mit DALL-E dein erstes Leadership-Bild machst:

1. Zugang: Geh auf die OpenAI-Plattform (openai.com/dall-e-2) und leg dir einen Account an.
2. Problem erkennen: Such dir eine aktuelle Herausforderung oder ein Konzept aus, das du visualisieren willst.
3. Prompt

Schreib eine genaue Beschreibung deines Wunschbildes

> *Gib genaue Details zu Stil, Stimmung und Kontext an.*

> *Erwähne alle markenspezifischen Elemente, die du einbauen möchtest.*

> *Gib deine bevorzugten Farbpaletten, Fotofilter oder technische Elemente der Fotografie an.*

4. Erstellung und Verfeinerung – mach dein erstes Bild und probier verschiedene Sachen aus, je nachdem, wie es aussieht:

▶ Wenn der erste Versuch nicht ganz passt, versuch mal, deine Beschreibung anzupassen.

▶ Probier mal verschiedene Perspektiven und Ansätze aus.

Hier ist eine Herausforderung: Nimm ein kompliziertes Problem, mit dem dein Team gerade zu kämpfen hat, und mach mit DALL-E eine visuelle Metapher für die Herausforderung und die Lösung. Zeig diese Bilder bei der nächsten Teambesprechung und schau, wie sie das Verständnis und das Engagement verbessern.

Tipps für die visuelle Gestaltung von Führungsaufgaben

▶ Sei konkret: Je genauer du was beschreibst, desto besser werden die Ergebnisse.

▶ Denk in Bildern: Visuelle Metaphern bringen komplizierte Ideen oft besser rüber.

▶ Pass auf die Markenausrichtung auf: Nutze den visuellen Stil deiner Organisation in deinen Eingabeaufforderungen.

▶ Probier verschiedene Sachen aus: Gib dich nicht mit dem ersten Versuch zufrieden, sondern probier verschiedene Sachen aus.

▶ Denk an deine Leute: Stell sicher, dass die Bilder passend und aussagekräftig für deine Zuschauer sind.

Wichtigste Punkte

▶ Top KI-Tools (ChatGPT, Gemini, Copilot, Claude usw.) machen dich als Führungskraft besser, indem sie die Kommunikation vereinfachen, Entscheidungen unterstützen und hochwertige Inhalte liefern, während sie ethische Standards einhalten.

▶ Das Ziel ist, Routineaufgaben zu automatisieren und dabei deinen persönlichen Führungsstil beizubehalten, damit du mehr Zeit für strategisches Denken und den Aufbau von Beziehungen hast.

▶ Erfolg kommt von einer guten Balance – nutze KI, um effizienter zu werden, aber lass beim Treffen wichtiger Entscheidungen und bei der Zusammenarbeit im Team immer noch dein eigenes Urteilsvermögen walten.

▶ Entwickle eine Kultur, die sowohl technologischen Fortschritt als auch eine menschenorientierte Führung fördert, indem du Teams dazu ermutigst, mit KI-Tools zu experimentieren und Feedback zu geben.

04

Die Kraft der KI für alltägliche Führungsaufgaben freisetzen

Um die Kraft der KI für alltägliche Führungsaufgaben zu nutzen, muss man sich auf neue Technologien einlassen, die die Art und Weise verändern, wie Führungskräfte Entscheidungen treffen und Herausforderungen angehen. Da KI immer mehr in unser Berufsleben eindringt, wird ihre Fähigkeit, Effizienz und Produktivität zu steigern, immer attraktiver. Stell dir eine Welt vor, in der KI Berge von Daten durchforsten und Trends und Anomalien erkennen kann, für die Menschen oder Teams Tage oder sogar Wochen brauchen würden, und so die Entscheidungsfindung beschleunigt.

In diesem Kapitel geht es darum, wie KI bei alltäglichen Aufgaben helfen kann, vor allem für Leute in Führungspositionen. Es wird erklärt, wie KI-gesteuerte Visualisierungstools riesige Datenmengen in klare, umsetzbare Erkenntnisse verwandeln können. Automatisierte Datenerfassung nimmt Managern lästige Aufgaben ab, sodass sie mehr Zeit für strategisches Denken haben. Mit Prädiktive Analysen können Führungskräfte Veränderungen vorhersehen und besser für die Zukunft planen. Das Verständnis von KI bei der Erkennung von Trends und der Simulation von Szenarien verschafft Wettbewerbsvorteile in einem umkämpften

Markt. Führungskräfte lernen, KI in ihre Arbeitsabläufe zu integrieren, die Kreativität ihres Teams zu steigern und ihr Unternehmen in Richtung Innovation und Erfolg voranzubringen.

Wie man aus Datenchaos fundierte Entscheidungen macht

Es ist wahr, dass Führungskräfte ständig mit Datenströmen bombardiert werden. Der Einsatz von KI-gestützten Visualisierungstools ist wie eine Lupe, mit der sich aus komplexen Datensätzen aussagekräftige Muster herausfiltern lassen. Diese Tools verwandeln rohe Zahlen in visuelle Geschichten und erleichtern es Managern, Trends zu erkennen, die sonst möglicherweise verborgen blieben. Stellen Sie sich beispielsweise ein Diagramm vor, das Verkaufszahlen anzeigt und saisonale Spitzen oder Rückgänge hervorhebt. Solche Erkenntnisse können einem Manager helfen, zu entscheiden, wann er die Produktion hochfahren oder die Ausgaben reduzieren sollte.

Datenvisualisierungstools verstehen

Bei der Visualisierung geht es nicht nur darum, Daten schön oder zugänglich zu machen, sondern darum, Klarheit aus Chaos zu schaffen. Selbst Personen ohne fundierte technische Kenntnisse können die Bedeutung von Daten mithilfe interaktiver Dashboards und Grafiken schnell erfassen. Diese Demokratisierung von Datenerkenntnissen ermöglicht es mehr Teammitgliedern, strategisch mitzuwirken und Entscheidungen auf der Grundlage von Fakten statt Bauchgefühlen zu treffen. Anstatt Stunden mit der Entschlüsselung von Tabellen zu verbringen, können Führungskräfte sich nun auf Strategie und Kreativität konzentrieren und ihre Teams zu gemeinsamen Zielen führen.

Automatisierung der Datenerfassung

Die Datenerfassung war schon immer eine mühsame Aufgabe, die manuelle Eingaben erforderte und anfällig für menschliche Fehler war. Mit KI ändert sich jedoch alles grundlegend. Die KI-gestützte automatisierte Datenerfassung macht repetitive Prozesse überflüssig, wodurch der Zeitaufwand für die Informationsbeschaffung erheblich reduziert und gleichzeitig die Genauigkeit verbessert wird.

Betrachten wir das folgende Fallbeispiel:

Eine Vertriebsleiterin in einem mittelständischen Technologieunternehmen hat kürzlich ein KI-System eingeführt, um Kundeninteraktionen und Vertriebsleistungen zu verfolgen. Anstatt dass ihr Team manuell Tabellen aktualisieren und wöchentliche Berichte erstellen muss, aggregiert die KI nun automatisch Daten aus CRM-Systemen, E-Mail-Interaktionen und Vertriebsplattformen. Während ihrer Besprechungen am Montagmorgen kann sie in Echtzeit Einblicke in Kundenbindungstrends, den Status der Verarbeitungskette und die Leistungskennzahlen des Teams abrufen – alles automatisch von der KI erfasst und analysiert. Durch diese Automatisierung entfällt das bisherige vierstündige Ritual am Sonntagabend zur Erstellung von Berichten und die Fehlerquote bei der Dateneingabe wurde um 87 % reduziert. Ihr Team hat nun mehr Zeit für den Aufbau von Kundenbeziehungen und weniger Zeit für die Arbeit mit Tabellenkalkulationen.

Vorausschauende Analysen nutzen

Der Einsatz von Prädiktive Analysen hebt die Vorausschau auf eine neue Ebene. Während sich traditionelle Analysen häufig auf die Auswertung vergangener Leistungen konzentrieren, nutzt Prädiktive Analysen historische Daten, um zukünftige Trends zu erkennen und so eine klare Vorstellung von möglichen zukünftigen Entwicklungen zu vermitteln.

Ob bei der Planung einer Expansion oder der Einführung einer neuen Produktlinie – Prädiktive Analysen bietet einen Blickwinkel, der die strategische Planung verbessert.

Stell dir ein Szenario vor, in dem eine Einzelhandelskette vor der Weihnachtssaison die Kaufgewohnheiten ihrer Kunden analysiert. Vorhersagemodelle können Nachfragespitzen prognostizieren und so die Bestandsverwaltung, die Personalplanung und Werbekampagnen steuern. Diese Vorausschau ermöglicht es Führungskräften, proaktive Anpassungen vorzunehmen, Fallstricke zu vermeiden und Chancen effektiv zu nutzen.

Eine interessante Fallstudie zeigt, wie KI die Zusammenarbeit innerhalb von Teams fördert, um eine effiziente Datenanalyse zu erreichen. Stell dir ein Szenario vor, in dem ein Unternehmen KI-Tools in seinen Analyse-Arbeitsablauf integriert. Teams aus verschiedenen Abteilungen arbeiten nicht mehr isoliert, sondern nahtlos zusammen und tauschen KI-generierte Erkenntnisse aus. Wenn Marketing, Finanzen und Betrieb in dasselbe KI-System einfließen, wächst die kollektive Intelligenz. KI fungiert als Brücke und erleichtert die Kommunikation, indem sie konsistente Dateninterpretationen liefert, die alle Teams verstehen.

Für innovationsorientierte Führungskräfte der mittleren und oberen Ebene eröffnet eine solche Zusammenarbeit eine neue Dimension der Führung. Alle sehen das gleiche Gesamtbild, was unternehmensweit aufeinander abgestimmte Strategien ermöglicht. Die Entscheidungsfindung wird zu einem gemeinsamen Prozess, der eine Kultur der Teamarbeit fördert, in der jedes Mitglied seine Perspektive einbringt, angereichert durch die unvoreingenommenen Beiträge der KI.

„KI ist kein Werkzeug, das den menschlichen Verstand ersetzt, sondern

ein Partner, der unsere Fähigkeit, Daten zu interpretieren und darauf zu reagieren, erweitert."

Es reduziert Komplexität, baut Brücken zwischen Teams und nimmt uns zeitraubende Aufgaben ab. Für Führungskräfte auf allen Ebenen verändert die Integration von KI in ihren Arbeitsalltag die Art und Weise, wie sie Daten betrachten und über Möglichkeiten nachdenken.

Beispiel für Datenumwandlung aus der Praxis

Als Joanna die Position der Betriebsleiterin bei einem regionalen Gesundheitsdienstleister übernahm, stand sie vor einer bekannten Herausforderung: Berge von unstrukturierten Daten, die über mehrere Abteilungen verteilt waren. Patientenzufriedenheitswerte, Personaldienstpläne und Betriebskennzahlen lagen in separaten Silos, sodass es unmöglich war, einen Überblick zu gewinnen.

„Wir haben jede Woche 15 bis 20 Stunden nur mit der Erstellung von Berichten verbracht", erinnert sich Joanna. „Verschiedene Abteilungen hatten unterschiedliche Erfassungsmethoden, und bis wir alles für die Vorstandssitzungen zusammengestellt hatten, waren die Daten bereits veraltet."

Joanna führte eine KI-Analyseplattform ein, die Daten aus allen Abteilungen automatisch konsolidierte. Das System konnte:

- Echtzeit-Metriken aus elektronischen Gesundheitsakten abrufen.
- Personalplanungsmuster mit Patientendaten integrieren.
- Die Patientenzufriedenheit erfassen und mit dem Personalbestand in Zusammenhang bringen.

▶ Automatisierte Erkenntnisse über betriebliche Engpässe generieren.

Innerhalb von drei Monaten war die Veränderung deutlich sichtbar:

▶ Die Zeit für die Erstellung von Berichten sank von 15–20 Stunden auf 2 Stunden pro Woche.

▶ Die Effizienz der Personalplanung wurde um 28 % verbessert.

▶ Die Wartezeiten für Patienten wurden um 31 % reduziert.

▶ Abteilungsleiter konnten auf Echtzeit-Dashboards zugreifen, anstatt auf wöchentliche Berichte zu warten.

Die Auswirkungen gingen über Zahlen hinaus. „Was uns am meisten überrascht hat, war, wie sich die Dynamik in unserem Team verändert hat", erklärt Joanna. „Anstatt darüber zu diskutieren, wessen Daten korrekt waren, konzentrierten sich unsere Meetings darauf, Erkenntnisse umzusetzen. Die Abteilungsleiter konnten in Echtzeit sehen, wie sich ihre Entscheidungen auf andere Bereiche auswirkten."

Das KI-System wurde zu einer neutralen dritten Partei, die objektive Daten lieferte, denen alle vertrauten. Dies führte zu:

▶ Mehr Zusammenarbeit bei der Entscheidungsfindung zwischen den Abteilungen.

▶ Proaktive Problemlösung auf Basis prädiktiver Analysen.

▶ Erhöhtes Engagement der Mitarbeiter, die nun die direkten Auswirkungen ihrer Bemühungen sehen konnten.

Es ist wichtig zu betonen, dass dies eine großartige Leistung war, die vor allem auf den sauberen Datensatz zurückzuführen ist, den das Team in die KI eingespeist hat.

„Nicht vergessen: Die Ergebnisse sind nur so gut wie die Daten, die reinkommen."

Praktische Übung

Schritt 1: Datensatz vorbereiten

Wähle zuerst einen passenden Datensatz aus deiner Organisation aus. Das könnte zum Beispiel sein:

▶ Die Umsatzentwicklung des letzten Quartals nach Regionen.
▶ Antworten zur Kundenzufriedenheitsumfrage.
▶ Teamproduktivitätskennzahlen aus aktuellen Projekten.
▶ Ergebnisse der Mitarbeiterbefragung.
▶ Konversionsraten von Marketingkampagnen.

Schritt 2: Werkzeugauswahl und Einrichtung

Such dir dein Visualisierungstool aus:

▶ Microsoft Power BI (empfohlen für Microsoft 365-Nutzer)
▶ Tableau (super für komplexe Datenbeziehungen)
▶ Google Data Studio (super für die Integration von Google Analytics)
▶ Excel mit Power Pivot (gut für Anfänger)

Importiere den gewünschten Datensatz in das Tool:

▶ Stell sicher, dass die Daten sauber und richtig formatiert sind.
▶ Überprüfe alles auf fehlende Werte oder Unstimmigkeiten.

Schritt 3: Visualisierungen erstellen

Probier mal verschiedene Visualisierungstypen aus:

▶ Balkendiagramme zum Vergleichen von Kategorien.

▶ Linien-Diagramme für Trenddaten.

▶ Heatmaps für die geografische Analyse.

▶ Kreisdiagramme zum Zeigen von Anteilen.

▶ Streudiagramme für die Korrelationsanalyse.

▶ Dashboards für einen kompletten Überblick.

Schritt 4: Analyse und Gewinnung von Erkenntnissen

Finde mindestens drei wichtige Erkenntnisse aus deinen Visualisierungen:

1. Beispiel-Framework
2. Einblick in die Leistung

▶ Welche Muster oder Trends fallen auf?

▶ Wie hängen verschiedene Kennzahlen zusammen?

3. Einblick in das Problem/die Chance

▶ Wo gibt's noch Lücken oder Herausforderungen?

▶ Welche überraschenden Muster tauchen auf?

Schritt 5: Deinen Aktionsplan festlegen

Lass die KI die harte Arbeit machen, indem du diese Schritte befolgst:

1. Gib deine Datenanalyse ein

   o Kopiere deine Datenerkenntnisse aus Schritt 4 in deinen bevorzugten KI-Assistenten (Claude, ChatGPT oder Gemini).

   o Verwende diese Vorlage: *Basierend auf dieser Datenanalyse: [füge deine Erkenntnisse ein], erstelle einen umfassenden Aktionsplan nach folgender Struktur:*

     ▪ Zusammenfassung (drei wichtigste Ergebnisse und 2–3 empfohlene Maßnahmen)

     ▪ Datenstory (Visualisierungserkenntnisse und Auswirkungen auf die Beteiligten)

- Umsetzungsschritte (30-Tage-Maßnahmen, 60– 90-Tage-Strategien und Erfolgskennzahlen)
- Kommunikation mit den Beteiligten (wichtigste Botschaften und Strategie für den Austausch von Visualisierungen)
2. Überprüfen und verfeinern
   o Schau dir den Plan an, den die KI gemacht hat.
   o Passe die Empfehlungen nach deinem Fachwissen und dem Kontext deiner Organisation an.
   o Füge alle firmenspezifischen Überlegungen oder Einschränkungen hinzu.
3. Verbessern und anpassen
   o Stell Folgefragen, um bestimmte Abschnitte zu vertiefen.
   o Frag nach anderen Ansätzen oder zusätzlichen Kennzahlen.
   o Optimier die Kommunikationsstrategie für deine spezifischen Interessenvertreter.

Dieser KI-basierte Ansatz spart Zeit und stellt sicher, dass alle wichtigen Planungselemente abgedeckt sind. Du behältst die Kontrolle über den endgültigen Plan und nutzt KI, um die anfängliche Arbeit und Strukturierung zu erledigen.

Mit KI Trends erkennen und Szenarien für Entscheidungen simulieren

Wenn es darum geht, Trends zu verstehen und sich in der komplexen Welt der modernen Führung zurechtzufinden, ist KI zu einem sehr wichtigen Werkzeug geworden. Einer der größten Vorteile von KI in diesem Bereich ist, dass sie Trends analysieren kann. Früher haben sich Führungskräfte bei strategischen Entscheidungen hauptsächlich auf alte Daten und ihr

Bauchgefühl verlassen. Mit KI haben sie jetzt aber Tools, die riesige Mengen an Infos schnell durchforsten und Muster und Trends erkennen, die sonst vielleicht übersehen würden. Das ermöglicht proaktive Strategieänderungen. Wenn ein Einzelhändler einen neuen Trend bei den Verbraucherpräferenzen hin zu nachhaltigen Produkten bemerkt, können KI-Tools ihn frühzeitig darauf aufmerksam machen, sodass er seine Lagerbestände und Marketingstrategien entsprechend anpassen kann. So können Unternehmen jetzt auf Veränderungen reagieren und sich so positionieren, dass sie immer einen Schritt voraus sind.

Szenario-Simulationstechniken

Szenariosimulationen machen Entscheidungsprozesse noch besser, weil sie Führungskräften einen virtuellen Spielplatz bieten, um verschiedene Strategien auszuprobieren. Mit diesen KI-gestützten Simulationen können Risikomanagementteams mögliche Ergebnisse visualisieren, bevor sie sich für bestimmte Maßnahmen entscheiden. Stellen Sie sich das wie einen Flugsimulator für Piloten vor: Führungskräfte können verschiedene Szenarien ohne reale Konsequenzen ausprobieren. Vielleicht erwägt das Marketingteam eines Unternehmens einen aggressiven Vorstoß in einen neuen demografischen Markt. Mithilfe von KI zur Simulation potenzieller Ergebnisse können sie Risiken und Chancen bewerten und Faktoren wie den potenziellen ROI, die Kundenbindung und sogar die Reaktionen der Wettbewerber abwägen. Diese Methode führt zu fundierteren und sichereren Entscheidungen.

KI-Trends in die strategische Planung einbauen

Wenn man Trends, die durch KI beobachtet werden, in die strategische Planung einbezieht, stellt man sicher, dass die Ziele der Organisation aufeinander abgestimmt und relevant bleiben. Im Grunde geht es darum, den strategischen Kompass eines Unternehmens zu optimieren. Wenn KI eine steigende Nachfrage in einem bestimmten Bereich aufzeigt oder Ineffizienzen in den aktuellen Abläufen aufdeckt, können Führungskräfte ihre Strategien neu ausrichten, um sie besser an diese Erkenntnisse anzupassen. Nehmen wir ein Unternehmen, das traditionell stark auf physische Einzelhandelsstandorte gesetzt hat, aber durch KI-Analysen die wachsende Bedeutung des E-Commerce erkannt hat. Mit dieser Erkenntnis kann die Unternehmensleitung Ressourcen umschichten und digitale Strategien entwickeln, die den sich wandelnden Verbraucheranforderungen gerecht werden und so die Marktposition des Unternehmens sichern.

Als Maria die Geschäftsführung von FlexTech Manufacturing übernahm, steckte das Unternehmen in Schwierigkeiten. Der Umsatz war innerhalb von 18 Monaten um 23 % eingebrochen, und die Konkurrenz schnappte sich Marktanteile.

„Ich erinnere mich, wie ich auf einen weiteren enttäuschenden Quartalsbericht starrte", erzählt Maria. „Unsere herkömmliche Marktanalyse reichte einfach nicht mehr aus." Trotz der Skepsis des Vorstands traf sie die mutige Entscheidung, KI-Analysen einzuführen. Das System lieferte schnell eine wichtige Erkenntnis: 67 % der Umsatzverluste gingen an Wettbewerber, die Produktanpassungen anboten.

Aufgrund dieser KI-gestützten Erkenntnis leitete Maria eine schnelle Umstrukturierung ein. Ihr Team nutzte KI-Simulationen, um den Produktionsansatz neu zu gestalten, Anpassungsoptionen einzuführen und gleichzeitig Betriebsunterbrechungen zu minimieren. Innerhalb von sechs Monaten verzeichnete FlexTech einen Umsatzanstieg von 34 % und eine Steigerung der Kundenzufriedenheit um 42 %.

„Die KI hat uns die Erkenntnisse geliefert", sagt Maria, „aber es war die Bereitschaft unseres Teams, sich auf Veränderungen einzulassen, die den

Unterschied gemacht hat. Es geht nicht mehr nur ums Überleben – wir setzen jetzt sogar Trends in unserer Branche."

Es ist wichtig zu betonen, dass die Einführung von KI keine komplette Überarbeitung der bestehenden Systeme erfordert. Führungskräfte auf allen Ebenen können damit anfangen, KI-Tools nach und nach in ihren Alltag zu integrieren. Dabei ist es egal, ob sie einfache KI-Apps zur Trendbeobachtung oder komplexere Software zur Szenariosimulation nutzen – wichtig ist, klein anzufangen und mit zunehmender Vertrautheit zu wachsen. Der Weg zu einer effektiven Nutzung von KI ist iterativ – jeder Schritt bringt wertvolle Erkenntnisse und eröffnet neue Möglichkeiten für innovative Anwendungen von KI.

Praktische Übung

Schritt 1: Werkzeugauswahl

Wähle eins aus:

- Google Trends (kostenlos, am besten für Markttrends)
- ChatGPT (super für das Erstellen von Szenarien)
- Die Analyseplattform deiner Organisation

Schritt 2: Trendanalyse

Such dir einen Schwerpunktbereich aus:

- Kaufverhalten der Kunden
- Konkurrenzbewegungen
- Technologiewandel in der Industrie
- Marktanforderungen

Schau dir mal die letzten 12 Monate an:

- die drei wichtigsten neuen Trends herausfinden
- saisonale Muster beachten

▸ unerwartete Änderungen erkennen

Schritt 3: Zukünftige Szenarien entwickeln

Erstelle mit dem von dir gewählten KI-Tool drei Szenarien:

▸ konservativer Fall
▸ wahrscheinlichster Fall
▸ störender Fall

Für jeden Punkt skizziere:

▸ wichtigste erwartete Änderungen
▸ Zeitachse
▸ Mögliche Auswirkungen auf dein Unternehmen

Schritt 4: Strategie entwickeln

Prompt

Entwickle auf Basis dieser drei Szenarien: [füge deine Szenarien aus Schritt 3 ein] einen strategischen Aktionsplan für jeden Fall. Strukturier die Reaktion für jedes Szenario (konservativ, wahrscheinlich und disruptiv) wie folgt:

▸ kurzfristige Reaktionen (3 Monate)
▸ benötigte Ressourcen
▸ Erfolgskennzahlen
▸ Auswirkungen auf das Team

Nächste

1. Schau dir die Strategien an, die die KI gemacht hat.
2. Passe das Ganze an deine Organisation an.
3. Finde gemeinsame Schritte in verschiedenen Szenarien, die man vorziehen könnte.

4. Füge alle wichtigen Überlegungen hinzu, die die KI vielleicht übersehen hat.

Schritt 5: Kurze Reflexion

Antwort in einem Absatz:

▶ Wie hat KI deine normale Planung verändert?

▶ Was hat dich überrascht?

▶ Was wirst du das nächste Mal anders machen?

Vorlage für die strategische Planung der Übung:

Schritt 6: Werkzeugauswahl

Wenn du ChatGPT (grundlegende Eingabeaufforderungvorlage) verwendest:

> *Ich muss die Trends in [deiner Branche] analysieren und Zukunftsszenarien entwickeln. Deine Analyse soll dabei helfen, die wichtigsten neuen Trends der letzten 12 Monate in dieser Branche zu erkennen, damit ich besser in die Zukunft blicken kann. Hier sind ein paar Richtlinien, an die du dich halten solltest:*
>
> o *Die drei wichtigsten Trends in [bestimmter Bereich: Kundenverhalten/Konkurrenz/Technologie/Marktanford erungen] in den letzten 12 Monaten.*
> o *Mögliche zukünftige Entwicklungen in diesen drei Szenarien*
>> ▪ konservative Annahme
>> ▪ wahrscheinlichstes Szenario
>> ▪ störendes Szenario

Für jedes Szenario solltest du Zeitpläne, wichtige Änderungen und Auswirkungen auf die Organisation angeben. Konzentriere dich dabei auf [deinen spezifischen Geschäftsbereich/Markt].

KI FÜR FÜHRUNGSKRÄFTE \\\

Mit KI-Unterstützung kreative Problemlösungen finden

Stell dir vor, du leitest ein dynamisches Team, das das nächste große Projekt in Angriff nimmt, für das du frische, innovative Ideen brauchst, aber nur auf eine leere Tafel starrst. Dann fängst du an, KI-Tools für das Brainstorming zu nutzen. Diese digitalen Helfer können deinen kreativen Prozess verändern, indem sie einzigartige Konzepte und Muster vorschlagen oder sogar neue Denkansätze anregen, die dir zunächst vielleicht gar nicht in den Sinn gekommen wären. Ob durch automatisierte Eingabeaufforderungen oder komplexe Algorithmen, die große Datenmengen analysieren – diese Tools helfen dir, mentale Blockaden zu überwinden und geben deinem Team einen kreativen Schub, wenn es nicht weiterkommt.

Maschinelles Lernen für Problemmuster

Aus einem anderen Blickwinkel betrachtet, ist ML wie ein erfahrener Berater, der vergangene Erfahrungen – sowohl erfolgreiche als auch lehrreiche – durchforstet, um Entscheidungsfindungsprozesse zu optimieren. Durch die Identifizierung von Mustern bei der Bewältigung früherer Herausforderungen kann KI Aufschluss darüber geben, welche Strategien für aktuelle Probleme am besten geeignet sind. Diese ausgefeilte Mustererkennung hilft dabei, einen klareren Weg in die Zukunft zu finden, sodass Führungskräfte fundierte Entscheidungen mit größerer Zuversicht treffen können. Sich auf historische Daten zu stützen, heißt nicht, in der Vergangenheit zu verharren, sondern die Vergangenheit intelligent zu nutzen, um zukünftige Ergebnisse effektiver zu gestalten.

Zusammenarbeit mit KI bei Innovationen

Stell dir vor, du baust eine kollaborative Umgebung auf, die von der Synergie zwischen menschlicher Kreativität und KI-Effizienz lebt. Wenn die analytischen Fähigkeiten der KI mit menschlicher Genialität zusammenkommen, passiert was Magisches – eine neue Innovationskultur entsteht. Feedback-Schleifen, die durch KI unterstützt werden, sorgen für ständige Verbesserungen und Anpassungen auf allen Ebenen eines Teams. Mit KI-Input zu Sachen wie Leistungskennzahlen und Optimierungstechniken können Teams schneller und effektiver arbeiten und so Innovationen vorantreiben, die sonst vielleicht nicht möglich gewesen wären. Diese Art der Zusammenarbeit fördert eine Denkweise, in der Technologie als Werkzeug und Partner für Wachstum und Entdeckungen gesehen wird.

Ein echtes Beispiel für Problemlösung mit KI

Schauen wir uns mal ein echtes Beispiel an, um zu sehen, wie das funktioniert. Nehmen wir ein Unternehmen wie Adobe, das KI nahtlos in seine Creative Suite integriert hat, sodass alle, von Grafikdesignern bis hin zu Marketingteams, davon profitieren können. Durch die Nutzung KI-gesteuerter Funktionen wie automatischer Bildkennzeichnung und Layoutvorschläge hat Adobe nicht nur Zeit gespart, sondern auch dafür gesorgt, dass sich die Nutzer auf ihre kreativen Kernaufgaben konzentrieren können. Diese Integration steht für einen umfassenden kulturellen Wandel in der Art und Weise, wie Kreative Technologie sehen: nicht als Ersatz für menschliche Arbeit, sondern als Verstärker ihres kreativen Potenzials.

In Branchen, die traditionell als weniger technologieorientiert gelten, wie beispielsweise die Landwirtschaft, revolutioniert KI die Herangehensweise an Probleme. Der Einsatz von KI in der Präzisionslandwirtschaft durch John Deere ist ein Beispiel für innovative Ergebnisse durch KI-gestützte Problemlösung. Durch den Einsatz von ML-Algorithmen zur Vorhersage von Ernteerträgen und zur Automatisierung von Maschinen hat das Unternehmen seine

Produktivität deutlich gesteigert und gleichzeitig die Umweltbelastung reduziert. Dieser Fall unterstreicht die Fähigkeit der KI, bedeutende Veränderungen in industriellen Praktiken und der Unternehmenskultur herbeizuführen und Umgebungen zu schaffen, in denen Innovation gedeihen kann.

Da KI immer besser darin wird, strukturierte Aufgaben zu erledigen, wird ihre Rolle in kreativen Prozessen weiter wachsen und die Art und Weise verändern, wie Führungskräfte und Teams Probleme lösen. Dein Team automatisiert nicht nur repetitive Aufgaben, sondern arbeitet mit einer leistungsstarken Quelle rechnerischer Kreativität zusammen, die neue Blickwinkel und ungenutzte Lösungen bietet. Wenn du diese Partnerschaft annimmst, ist es wichtig, eine Atmosphäre zu schaffen, in der sowohl menschliche Intuition als auch KI-Erkenntnisse geschätzt und aktiv gesucht werden.

Praktische Übung

Tipp: Denk dran, je mehr Details du angibst, desto besser werden die Ergebnisse.

Schritt 1: Definition der Herausforderung

Such dir deine Herausforderung aus

- ▶ Hindernis für die Teamproduktivität
- ▶ Kundenproblem
- ▶ Prozessineffizienz
- ▶ Problem bei der Ressourcenzuteilung

Schreib eine klare Problemstellung auf: Unser Team muss [eine bestimmte Herausforderung lösen/verbessern/verringern], weil [Auswirkung].

Schritt 2: KI-Brainstorming

Ideen sammeln

▶ Gib dein Problem ein
▶ verschiedene Lösungen verlangen
▶ nach konventionellen und unkonventionellen Ansätzen fragen

Schritt 3: Ideenauswahl

Bewert AI-generierte Ideen mit dieser schnellen Bewertungsliste:

▶ Auswirkung (1-5)
▶ Machbarkeit (1-5)
▶ Ressourcenbedarf (1-5)

Wähle die drei besten Ideen anhand der Bewertungen aus.

Schritt 4: Zusammenarbeit im Team

Schnelle Sitzungsstruktur

▶ AI-generierte Ideen präsentieren
▶ Teamdiskussion pro Idee
▶ über die beste Lösung abstimmen
▶ Entwicklung von Aktionsplänen

Schritt 5: Leitfaden zur Reflexion

Antworte kurz

▶ Wie waren die Vorschläge der KI anders als beim normalen Brainstorming im Team?
▶ Welche KI-Ideen haben die interessantesten Diskussionen ausgelöst?
▶ Was würdest du beim nächsten Mal anders machen?

Wichtigste Punkte

▶ KI macht aus komplizierten Daten klare, nützliche Infos durch automatisches Sammeln und Visualisieren, sodass man die Daten nicht mehr von Hand bearbeiten muss.

▶ Die Entscheidungsfindung wird strategischer und proaktiver, weil Chefs bei Bedarf auf genaue Infos in Echtzeit zugreifen können.

▶ Mit Prädiktive Analysen und Szenariosimulationen können Chefs Trends früh erkennen und Strategien ohne Risiko ausprobieren.

▶ Die Umsetzung kann klein anfangen und nach und nach wachsen, wobei der Fokus auf dem Aufbau einer datengesteuerten Kultur liegt, die die Erkenntnisse des Teams wertschätzt.

▶ KI macht kreative Problemlösungen noch besser, indem sie viele verschiedene Lösungen findet, unerwartete Muster verbindet und coole neue Wege für Herausforderungen aufzeigt.

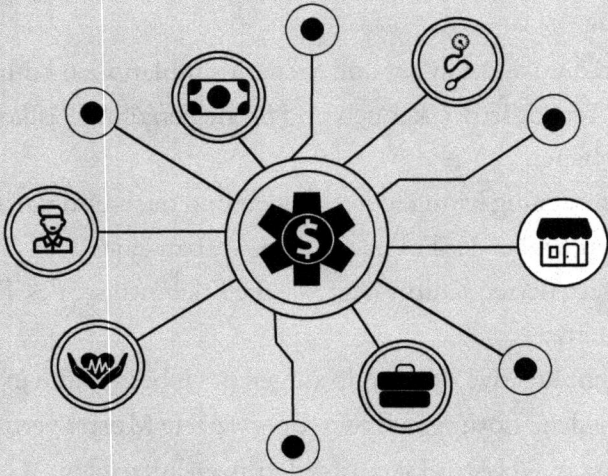

05

Echte KI-Anwendungsfälle – Praktische Anwendungen für Führungskräfte

Die Nutzung realer Anwendungen macht einen großen Unterschied, wie Führungskräfte ihre geschäftlichen Herausforderungen meistern. Wenn du ein Team leitest, ein Projekt steuerst oder eine ganze Organisation führst, hilft dir das Verständnis von KI dabei, fundierte Entscheidungen zu treffen, die die Effizienz und Effektivität steigern. In diesem Kapitel findest du Beispiele, die das Potenzial von KI für die Transformation verschiedener Geschäftsabläufe zeigen. Von der Verbesserung des Kundenerlebnisses mit Segmentierungstools bis hin zur Revolutionierung des Kundenservice mit Chatbots – KI ist mehr als nur ein Modewort. Sie ist ein strategisches Werkzeug für Unternehmen, die in einem wettbewerbsintensiven Markt erfolgreich sein wollen.

In diesem Kapitel werden mehrere Schlüsselbereiche untersucht, in denen KI bahnbrechende Neuerungen schafft. Du erfährst, wie KI-gesteuerte Personalisierungstools die Interaktion mit Kunden verändern und die Markentreue stärken. Wir schauen uns an, wie KI im Projektmanagement wirkt, wo sie Einblicke liefert, die über menschliche Fähigkeiten hinausgehen.

Das Kapitel befasst sich mit dem Finanzsektor und zeigt, wie KI die Datenanalyse optimiert, die Sicherheit vor Betrug erhöht und die Buchhaltung vereinfacht. Diese Beispiele bieten einen umfassenden Überblick über die konkreten Vorteile von KI und geben Führungskräften das Wissen, um KI effektiv und strategisch einzusetzen.

Mit KI-gesteuerter Personalisierung das Kundenerlebnis aufwerten

Im digitalen Zeitalter ist es für Führungskräfte eine Herausforderung, die Erwartungen der Kunden durch personalisierte Interaktionen zu erfüllen. KI bietet Lösungen, um diese Interaktionen zu verbessern und so die Zufriedenheit und Loyalität zu steigern. Eine wichtige Lösung sind KI-gesteuerte Tools zur Kundensegmentierung, mit denen Unternehmen riesige Datenmengen verarbeiten können, um unterschiedliche Kundensegmente zu identifizieren. Anstatt sich auf allgemeine demografische Kategorien zu verlassen, analysieren diese Tools das Verhalten, die Vorlieben und die Kaufmuster der Kunden. Eine intelligente Segmentierung ermöglicht effektivere, maßgeschneiderte Marketingstrategien und steigert die Kundenbindung, indem jeder Kundengruppe relevante Inhalte bereitgestellt werden.

Nutzung der KI-gesteuerten Kundensegmentierung

Ich gebe dir mal ein kurzes Beispiel. Als James die Einrichtungsladenkette seiner Familie übernahm, steckte er in der alten Marketingfalle „One size fits all" fest – du weißt schon, diese generischen E-Mails mit „20 % RABATT AUF ALLES!", die ins Leere schreien. Aber als er KI einsetzte, um seine Kundenbasis zu analysieren, stellte sich etwas Interessantes heraus: Seine treuen Kunden (die „Home Styling Heroes") waren gar nicht auf Schnäppchenjagd – sie wollten als Erste Zugriff auf limitierte

Kollektionen. Diejenigen, die zum ersten Mal auf der Website waren (die „Décor Discoverers"), brauchten dagegen einen zusätzlichen Anreiz in Form eines Willkommensrabatts. Nachdem James die KI die Einkaufsmuster sortieren ließ, konnte er seinen „Heroes" exklusive Vorschauen auf kommende Kollektionen anbieten, während die „Discoverers" personalisierte Willkommensangebote auf Basis ihres Browserverlaufs erhielten. Die Ergebnisse waren beeindruckend: Die E-Mail-Interaktion verdoppelte sich und der Umsatz stieg um 30 %.

Revolutionierung des Kundenservice durch KI-Chatbots

Der Kundenservice wurde total automatisiert. Früher haben Chatbots nur vorprogrammierte Antworten und einfache Entscheidungsbäume benutzt, aber jetzt sind die KI-gestützten Kundenservice-Agenten viel besser. Diese neuen Systeme finden passende Antworten auf Fragen – sie verstehen den Kontext, lesen natürliche Sprache und geben in Echtzeit Antworten, die wie von einem Menschen kommen.

Der Fortschritt zeigt sich: Chatbots der ersten Generation beantworteten einfache Fragen wie „Wie ist der Status meiner Bestellung?" mit vorformulierten Antworten aus einer Datenbank. Aktuelle KI-Agenten führen detaillierte Gespräche, analysieren komplexe Kundenbedürfnisse, bieten personalisierte Lösungen an und erkennen emotionale Untertöne in der Kundenkommunikation. Sie kombinieren Infos aus mehreren Quellen, erklären komplexe Richtlinien klar und passen ihren Kommunikationsstil an den Stil des Kunden an.

Wenn ein Kunde wegen einer falschen Größe eine Produktrückgabe anfragen will, geben KI-Agenten nicht einfach die Rückgabebedingungen vor. Sie starten einen natürlichen Dialog, um die Situation zu verstehen, schlagen je nach den Vorlieben des Kunden andere Größen vor, erklären, wie verschiedene Materialien die Passform beeinflussen können, und bearbeiten die Rückgabe, während sie besser passende Alternativen vorschlagen – und das alles in einer Art und Weise, die kaum noch von einem echten Gespräch zu unterscheiden ist.

Diese Entwicklung hat die Arbeit der Kundendienstmitarbeiter verändert. Anstatt sich nur auf einfache Anfragen zu konzentrieren, arbeiten sie jetzt mit KI-Agenten zusammen, um die komplexesten Fälle zu lösen, bei denen menschliches Urteilsvermögen und emotionale Intelligenz entscheidend sind. Das Ergebnis ist ein ausgeklügeltes hybrides Servicemodell, bei dem KI komplexere Interaktionen übernimmt, während sich die menschlichen Mitarbeiter auf strategische Problemlösungen und den Aufbau von Beziehungen konzentrieren.

Die Auswirkungen auf die Geschäftseffizienz und das Kundenerlebnis haben die Abläufe verändert. Unternehmen, die diese fortschrittlichen KI-Agenten einsetzen, berichten von schnelleren Reaktionszeiten, höheren Kundenzufriedenheitswerten und mehr gelösten Problemen beim ersten Kontakt. Die Grenze zwischen menschlicher und KI-gestützter Unterstützung verschmilzt immer mehr und läutet eine neue Ära im Kundenservice ein, in der Technologie über die Automatisierung hinausgeht und das gesamte Kundenerlebnis verbessert.

Verbesserung der Kundenerfahrung mit intelligenten Empfehlungssystemen

Empfehlungssysteme sind eine weitere praktische Anwendung von KI, um die Interaktion mit Kunden zu verändern. Diese Systeme schauen sich das Kundenverhalten an, um Produkte oder Dienstleistungen vorzuschlagen, die zu den individuellen Vorlieben passen, und so das Einkaufserlebnis zu verbessern und den Umsatz zu steigern. Durch die Analyse früherer Käufe, des Browserverlaufs und der abgebrochenen

Warenkörbe finden Empfehlungssysteme heraus, was Kunden mögen, und regen sie dazu an, neue oder ergänzende Produkte zu entdecken.

Ein gutes Beispiel dafür sind Streaming-Dienste wie Netflix oder Spotify, die Empfehlungsmaschinen nutzen, um Inhalte basierend auf der Aktivität der Nutzer vorzuschlagen. Diese Personalisierung fördert das Entdecken und hält die Nutzer bei der Stange, was letztendlich die Markentreue stärkt, da sich die Kunden verstanden und geschätzt fühlen.

Mit Sentiment-Analyse proaktiven Kundenservice bieten

Mit Tools zur Stimmungsanalyse können Unternehmen das Feedback ihrer Kunden über verschiedene Kanäle wie soziale Medien, Bewertungen und direkte Feedback-Formulare messen. Die Analyse des emotionalen Inhalts von Kundenkommentaren hilft Unternehmen, ihre Strategien anzupassen, um Probleme schnell zu beheben oder positives Feedback hervorzuheben. Dies ist heute vor allem dank der Fähigkeiten von KI-Modellen möglich, die große Mengen unstrukturierter Daten interpretieren und für die Nutzung und Entscheidungsfindung sinnvoll aufbereiten können.

Nehmen wir zum Beispiel eine App für Lebensmittellieferungen, die gemischte Online-Bewertungen bekommt. Mit Hilfe der Sentimentanalyse kann das Unternehmen wiederkehrende Themen wie Unzufriedenheit mit den Lieferzeiten oder Lob für die Verpackungsqualität erkennen. Anhand dieser Infos kann das Unternehmen entsprechende operative Änderungen und Marketingstrategien priorisieren und so Reaktionsfähigkeit und Engagement für Verbesserungen zeigen. Schnelle Anpassungen auf der Grundlage von Sentimentdaten beheben bestehende Probleme und verhindern potenzielle Probleme, während gleichzeitig die Kundenerfahrung verbessert wird.

Der strategische Einfluss von KI auf die Kundenbeziehungen

Durch die Nutzung von KI-Tools in der Kundeninteraktion können Unternehmen jetzt agil und präzise arbeiten. Mit den Analysefähigkeiten und der Echtzeit-Verarbeitungsleistung der KI können sie Beziehungen aufbauen, die auf Vertrauen und Zufriedenheit basieren. Führungskräfte haben jetzt die Tools, um die Bedürfnisse ihrer Kunden zu erfüllen und zu übertreffen und so flüchtige Transaktionen in dauerhafte Partnerschaften zu verwandeln.

Dies zeigt, dass KI nicht mehr nur ein technologisches Werkzeug ist, sondern zu einem strategischen Partner wird. Wenn Unternehmen diese Innovationen nutzen, verbessern sie ihre Prozesse und gestalten ihre Kundenbeziehungen neu. Dies schafft einen Wettbewerbsvorteil in einem Markt, in dem personalisierter Service immer wichtiger wird.

Was diese KI-gestützten Chatbots besonders wertvoll macht, ist ihre Fähigkeit, zu lernen und sich im Laufe der Zeit zu verbessern. Mithilfe von Algorithmen für maschinelles Lernen analysieren sie vergangene Interaktionen, um ihre Antworten zu verfeinern und so präziser und differenzierter zu kommunizieren. Dieser kontinuierliche Lernprozess bedeutet, dass sich das Kundenserviceerlebnis auf natürliche Weise weiterentwickelt und verbessert, wodurch ein immer ausgefeilteres Supportsystem entsteht, das die Kundenbedürfnisse besser erfüllt und gleichzeitig effizient bleibt.

Projektmanagement und Teamleistung mit KI auf Vordermann bringen

In der modernen Unternehmensführung wird KI als echtes Tool angesehen, das Chefs dabei hilft, Projekte besser zu managen und die

Produktivität der Teams zu steigern. Nirgendwo wird das so deutlich wie im Projektmanagement, wo KI-gestützte Tools ganz neue Einblicke und Möglichkeiten bieten.

Nutzen von KI-gestützter Projektmanagement-Software

Schau dir mal KI-gestützte Projektmanagement-Software an. Diese Tools nutzen die Analyse von Daten aus der Vergangenheit, um mögliche Verzögerungen und Budgetüberschreitungen vorherzusagen. So können Manager Probleme proaktiv lösen, bevor sie zu größeren Schwierigkeiten werden. Bei der Analyse historischer Daten aus früheren Projekten kann KI Muster erkennen, die darauf hindeuten, wann ein Projekt aus dem Ruder laufen könnte. Dank dieser Prognosefunktion können Teams Ressourcen effizienter einsetzen, sodass Termine eingehalten und Budgets eingehalten werden. Für Manager der mittleren und oberen Führungsebene könnte der Einsatz dieser Technologie den Unterschied zwischen der Aufrechterhaltung des Status quo und der erfolgreichen Umsetzung innovativer Projekte ausmachen.

Ein Beispiel hierfür ist Project Cortex von Microsoft, das mithilfe von KI Millionen von Dokumenten durchsucht und relevante Informationen für aktuelle Projektentscheidungen anzeigt. Dadurch können Manager den Zeitaufwand für die manuelle Dateneingabe reduzieren und sich auf die strategische Planung und Umsetzung konzentrieren.

Datengestützte Erkenntnisse für den Projekterfolg nutzen

Darüber hinaus zeigt KI aktuelle Probleme auf und liefert langfristige Prognosen auf Basis von historischen Daten. Wenn KI alte Leistungskennzahlen durchforstet, kann sie Muster finden, die auf den ersten Blick nicht so klar sind. Für Teamleiter und Projektmanager heißt das, dass sie schon vor Projektstart ein besseres Verständnis für mögliche Probleme bekommen. David ist zum Beispiel Tech-Leiter bei einer wachsenden Softwarefirma, die wegen einer bevorstehenden Servermigration schlaflose Nächte hatte. Das letzte große Upgrade seines Teams war zu etwas geworden, das er scherzhaft als „Die große Server-Katastrophe von 2023" bezeichnete – drei Tage Chaos, kalte Pizza und Kundenbeschwerden. Dieses Mal hat David die alten Projektprotokolle in ein KI-Analysetool eingegeben und dabei etwas Erstaunliches entdeckt.

Die KI entdeckte ein Muster, das menschlichen Augen entgangen war: Jede Infrastrukturstörung hatte mit einer scheinbar harmlosen Datenbanksynchronisierung während der Hauptgeschäftszeiten begonnen. Mit dieser Erkenntnis verschob sein Team wichtige Updates auf ruhigere Zeiten und fügte zusätzliche Überwachungskontrollen hinzu. Das bedeutete, dass von da an alles reibungslos verlief. Ein weiteres Beispiel wäre eine geschäftige Baustelle, auf der Terminverzögerungen früher als „Teil des Geschäfts" abgetan wurden.

Das änderte sich, als die KI-Analyse ein faszinierendes Muster aufdeckte: Bestimmte Stahlbalken kamen immer drei Wochen zu spät, was zu einem Dominoeffekt führte, der die Planung zum Albtraum machte. Aber jetzt kommt das Interessante: Die KI hat das Problem nicht nur gemeldet, sondern auch jahrelange Lieferdaten ausgewertet und festgestellt, dass Bestellungen, die montags aufgegeben wurden, mit einer um 40 % höheren Wahrscheinlichkeit verspätet geliefert wurden als Bestellungen, die unter der Woche aufgegeben wurden (es stellte sich heraus, dass die Lieferanten mit den Rückständen vom Wochenende überlastet waren). Durch die einfache Verschiebung der Bestelltermine und die Identifizierung von Ersatzlieferanten wurde aus einem monatlichen Problem ein reibungsloser Ablauf. Die Projektmanager konnten nun ihre Vormittage mit der Planung verbringen, anstatt Brände zu löschen, und die berüchtigten Anrufe von Kunden mit der Nachricht „Wir liegen hinter dem Zeitplan zurück" gehören der Vergangenheit an.

Kommunikation durch automatisierte Berichterstellung optimieren

Gutes Projektmanagement ist mehr als nur Planung, es geht auch um Kommunikation. Deshalb sind automatisierte Reporting-Tools so wichtig. Die Technik, mit der Berichte erstellt werden, ändert sich durch KI nicht groß, aber ihre Effizienz und Genauigkeit schon. Automatisierte Systeme sorgen dafür, dass alle Beteiligten rechtzeitig und fehlerfrei auf dem Laufenden bleiben, was die Kommunikation und die Abstimmung zwischen den Abteilungen verbessert. Dadurch haben Führungskräfte mehr Zeit, sich um ihre Teams zu kümmern und schneller fundierte Entscheidungen zu treffen.

Nehmen wir zum Beispiel einen Marketingmanager, der früher Stunden damit verbracht hat, Kampagnenberichte zu erstellen. Mit KI-gesteuerter Automatisierung kann er diese Zeit nun für die Entwicklung kreativer Strategien nutzen. Diese Umstellung verbessert die Produktivität und Arbeitsmoral, da die Teams weniger Zeit mit Routineaufgaben verbringen und sich stattdessen mehr auf Aktivitäten konzentrieren können, die direkt zum Erfolg beitragen.

Bessere Risikobewertung mit KI-Modellen

Risikobewertung mit KI macht Projekte besser. Bei der klassischen Risikobewertung geht man oft nach dem Bauchgefühl, aber KI-Modelle bringen eine datengestützte Perspektive mit.

„Durch die Analyse großer Datensätze liefern diese Modelle Einblicke in

potenzielle Risiken während des gesamten Projektlebenszyklus und helfen Managern dabei, bei Bedarf strategische Änderungen vorzunehmen."

Bei der Einführung einer neuen Software kann ein KI-Modell Teams auf Kompatibilitätsprobleme mit bestehenden Systemen hinweisen, indem es auf frühere Bereitstellungsdaten zurückgreift. Diese Vorhersage hilft Unternehmen, Zeitpläne und Ressourcenzuweisungen anzupassen, bevor ernsthafte Hindernisse auftreten, und sorgt so für einen reibungsloseren Projektablauf. Hier ein weiteres Beispiel:

In der Fertigung hilft die KI-Risikobewertung Werksleitern, Ausfälle von Anlagen vorher zu erkennen. Nach der Analyse von Daten aus Maschinensensoren, Wartungsaufzeichnungen und Umgebungsbedingungen können KI-Systeme feststellen, dass eine wichtige Fertigungslinie aufgrund subtiler Schwingungsmuster und Temperaturschwankungen mit einer Wahrscheinlichkeit von 85 % innerhalb der nächsten zwei Wochen ausfallen wird. Dank dieser Frühwarnung können Wartungsteams Reparaturen während geplanter Ausfallzeiten einplanen und so kostspielige Notabschaltungen und Produktionsverzögerungen vermeiden, die sich auf die Liefertermine auswirken könnten.

Richtlinien für die Umsetzung von KI-Projektmanagement

Damit Manager und Teamleiter diese Vorteile voll ausnutzen können, hier ein paar Tipps:

1. **Nutze KI-Tools, die auf deine Branche zugeschnitten sind:** Verschiedene Branchen haben unterschiedliche Bedürfnisse. Such dir also eine Projektmanagement-Software aus, die zu deinen Geschäftszielen und operativen Herausforderungen passt.

2. **Mitarbeiter gut schulen:** Die Teams sollten wissen, wie sie KI-Erkenntnisse in ihre Arbeitsabläufe einbauen können. Mit Schulungen stellst du sicher, dass alle die Tools effektiv nutzen können.

3. **Leistung immer im Auge behalten:** Schau regelmäßig, wie gut die KI-Tools im Vergleich zu den Projektzielen funktionieren. Passe die Strategien bei Bedarf an, um die Produktivität noch zu steigern. Denk dran, dass das Überwachen und Optimieren des KI-Tools sehr wichtig ist, damit es gut funktioniert.

4. **Fördere eine Kultur der Anpassungsfähigkeit:** Ermutige dein Team, KI-gesteuerte Veränderungen anzunehmen und sie als Chancen für Wachstum zu sehen, statt als Störungen.

5. **Organisatorische Veränderungen managen:** Mach dir klar, dass die Einführung von KI oft große Prozessänderungen mit sich bringt. Erstell einen strukturierten Plan für das Change-Management, der klar sagt, warum die Änderungen nötig sind, wie sie dem Team helfen und welche Unterstützung es gibt. Überleg dir, ob du innerhalb der Teams Change Champions einsetzen willst, die den Kollegen bei der Umstellung auf neue Arbeitsabläufe helfen und Fragen klären.

Finanzdatenanalyse mit KI optimieren

Im aktuellen Geschäftsumfeld können schnelle und fundierte finanzielle Entscheidungen erfolgreiche Unternehmen von der Konkurrenz abheben. KI verändert die vorausschauende Finanzmodellierung. Diese Tools analysieren riesige Mengen an Marktdaten und historische Trends, um Prognosen mit beeindruckender Genauigkeit zu erstellen. Stell dir vor, ein Unternehmen will in einen neuen Markt einsteigen oder ein neues Produkt auf den Markt bringen. KI-basierte Modelle zeigen anhand von Daten aus der Vergangenheit, wie die Dinge laufen könnten, und helfen so den Chefs, die Auswirkungen ihrer Entscheidungen besser einzuschätzen. Diese Tools sind super darin, komplexe Variablen schnell zu verarbeiten, sodass die Entscheidungsträger nicht mehr auf ihr Bauchgefühl oder alte Methoden angewiesen sind.

Kosteneinsparung Highlight

Die finanziellen Vorteile von KI-gesteuerten Vorhersagemodellen können echt krass sein. Unternehmen sparen oft Millionen, weil sie Verluste durch falsche Investitionen vermeiden. Ein mittelständisches Unternehmen, das KI-gestützte Prognosen nutzt, kann zum Beispiel durch eine bessere Ressourcenzuteilung und das Vermeiden von falschen Markteintritten jährlich 2 bis 3 Millionen Dollar sparen. Diese Einsparungen werden mit der Zeit immer größer, weil die KI-Modelle immer besser und genauer werden.

Die Buchhaltung wird durch Automatisierung auf den Kopf gestellt

Schau dir an, wie KI die Buchhaltung revolutioniert, die man normalerweise als manuelle und fehleranfällige Aufgabe sieht. KI-gesteuerte Buchhaltungslösungen arbeiten effizienter und reduzieren Fehler, die oft durch menschliche Eingaben entstehen. Durch die Automatisierung von Prozessen wie Dateneingabe und Abgleich halten diese Tools die Daten aktuell und genau. Anstatt dass ein Buchhalter stundenlang Hunderte von Rechnungen manuell eingibt und überprüft, verwandelt KI diese Arbeit in einen Echtzeit-Berichtsprozess, auf den sich Manager ohne zu zögern verlassen können. Der Vorteil geht weit über die

Zeitersparnis hinaus – es geht um den Zugriff auf zeitnahe Erkenntnisse, die strategische Finanzentscheidungen ermöglichen.

Kosteneinsparung Highlight

Die Kostenersparnis von KI-basierten Buchhaltungslösungen ist echt beeindruckend. Firmen, die diese Systeme nutzen, sagen, dass sie bis zu 70 % der Personalkosten in ihrer Buchhaltung sparen. Ein typisches mittelständisches Unternehmen kann durch die Automatisierung von Routineaufgaben in der Buchhaltung jährlich zwischen 200.000 und 300.000 Dollar sparen. Neben den direkten Personalkosten spart man durch weniger Fehler und schnellere Bearbeitungszeiten auch beim Cashflow-Management und bei den Kosten für Wirtschaftsprüfungen.

Mehr Sicherheit durch KI-gestützte Betrugserkennung

In Sachen Sicherheit ist der Einfluss von KI bei der Betrugserkennung echt beeindruckend. In einer Zeit, in der Finanzbetrug immer raffinierter wird, können traditionelle Erkennungsmethoden versagen. KI-Algorithmen erkennen ungewöhnliche Transaktionsmuster, die auf betrügerische Aktivitäten hindeuten könnten. Diese Systeme lernen ständig aus jeder Interaktion und passen sich an, indem sie ihre Mustererkennungsfähigkeiten im Laufe der Zeit verfeinern. Ein plötzlicher Anstieg der Transaktionen von einem unbekannten Standort könnte Warnmeldungen für weitere Untersuchungen auslösen, sodass schnell Maßnahmen ergriffen werden können, um finanzielle Verluste zu verhindern. Dieser proaktive Ansatz zur Betrugsbekämpfung verbessert die Sicherheit von Unternehmen und stärkt das Vertrauen der Kunden. Er zeigt, dass KI nicht nur präventiv wirkt, sondern Unternehmen tatsächlich dabei unterstützt, ihre Glaubwürdigkeit und Zuverlässigkeit zu wahren.

Kosteneinsparung Highlight

Die finanziellen Vorteile von KI-gestützter Betrugserkennung sind echt groß und zeigen sich sofort. Unternehmen, die solche Systeme einsetzen, verhindern in der Regel 90 % der potenziellen Betrugsversuche und schützen sich so vor Millionenverlusten. Ein mittelständisches Finanzinstitut hat zum Beispiel berichtet, dass es allein im ersten Jahr durch die Betrugsbekämpfung über 5 Millionen Dollar eingespart hat. Diese Einsparungen gehen über den direkten finanziellen Schutz hinaus und umfassen auch niedrigere Versicherungsprämien und ein höheres Vertrauen der Kunden, was langfristig einen Mehrwert für das Unternehmen schafft.

KI für strategische Finanzanalysen nutzen

KI-Tools machen auch die Finanzanalyse besser. Durch genauere Analysen von Leistungskennzahlen können Firmen ihre Strategien rechtzeitig anpassen, um die Rentabilität zu steigern. Mit KI-gestützten Analysen kann ein Team leistungsschwache Vermögenswerte oder profitable Investitionsmöglichkeiten erkennen. Mit diesen Erkenntnissen können Teams schnell reagieren und Ressourcen dort einsetzen, wo sie gebraucht werden. Außerdem können Unternehmen mit KI unterschiedliche Datenquellen zusammenführen und so einen ganzheitlichen Überblick über ihre Finanzlage bekommen. Dieses umfassende Verständnis hilft dabei, bessere Entscheidungen zu treffen und nachhaltiges Wachstum zu fördern.

Kosteneinsparung Highlight

Der Einsatz von KI-gestützten Finanzanalyse-Tools bringt echt gute Rendite. Unternehmen sagen, dass sie durch eine bessere Effizienz und fundiertere strategische Entscheidungen im Schnitt 1 bis 2 Millionen Dollar pro Jahr sparen. Diese Einsparungen kommen von einer schnelleren Identifizierung von Möglichkeiten zur Kostensenkung, einer optimierten Ressourcenzuteilung und der Fähigkeit, Marktchancen schneller zu erkennen und zu nutzen. Außerdem können sich die Finanzteams durch den geringeren manuellen Analyseaufwand auf wichtige strategische Aufgaben konzentrieren, was die Wirkung dieser Einsparungen noch verstärkt.

Strategien für die Umsetzung durch Führungskräfte

Für Führungskräfte der mittleren und oberen Ebene, die innovativ sein wollen, kann das Verstehen und Anwenden dieser KI-Fortschritte echt transformativ sein. Haltet euch an eine einfache Regel: Fangt klein an, indem ihr ausgewählte KI-Tools in bestehende Finanzsysteme integriert, und baut sie dann nach und nach aus, wenn sich die Vorteile zeigen. Es geht darum, eine Basis zu schaffen, auf der starke strategische Entscheidungen wachsen können, unterstützt durch datengestützte Erkenntnisse, die diese Technologien liefern. Mit dem Fortschritt der KI werden sich die Möglichkeiten für eine verbesserte Finanzanalyse und Entscheidungsfindung erweitern, wodurch Unternehmen in einem wettbewerbsintensiven Marktumfeld an die Spitze gelangen können.

Skalierung von KI-Lösungen in Unternehmen

Genauso können Teamleiter und Projektmanager KI nutzen, um die Produktivität zu steigern und Abläufe zu optimieren. Durch die Vereinfachung von Routineaufgaben und die Konzentration auf übergeordnete strategische Ziele ermöglicht KI Teams, effektiver zu arbeiten. Eine Kultur des kontinuierlichen Lernens über KI-Tools und ihre Anwendungsmöglichkeiten sorgt dafür, dass alle, von der Basis bis zur Führungsebene, zu einer technisch versierten Belegschaft beitragen, die bereit ist, moderne Herausforderungen zu meistern.

Schließlich stehen Führungskräfte in KMUs oft vor besonderen Herausforderungen, wenn es darum geht, ihre Abläufe nachhaltig zu skalieren. Durch den Einsatz von KI in Finanzfunktionen können diese Unternehmen jedoch die Ressourcenzuweisung optimieren, ihre strategische Vorausschau verbessern und erhebliche betriebliche Effizienzsteigerungen erzielen. Über das reine Überleben hinaus ermöglicht die Integration von KI-Initiativen KMUs, in dynamischen Märkten zu florieren und Chancen zu erschließen, die ihnen aufgrund begrenzter Ressourcen oder Fachkenntnisse bisher verwehrt waren.

Wichtigste Punkte

▶ KI macht eine genaue Kundensegmentierung und Personalisierung möglich und verwandelt so alltägliche Interaktionen in echte Kundenbeziehungen.

▶ KI-gesteuerte Chatbots und virtuelle Assistenten machen den Kundenservice einfacher, während Empfehlungssysteme die Kundenbindung stärken.

▶ Vorausschauende KI-Funktionen im Projektmanagement helfen Führungskräften, mögliche Probleme früh zu erkennen, sodass sie Entscheidungen auf Basis von Daten treffen können, statt sich auf ihr Bauchgefühl zu verlassen.

▶ Durch die KI-Automatisierung von Routineaufgaben (wie Berichterstellung) haben Teams mehr Zeit für strategische Aufgaben, was die Effizienz der ganzen Organisation verbessert.

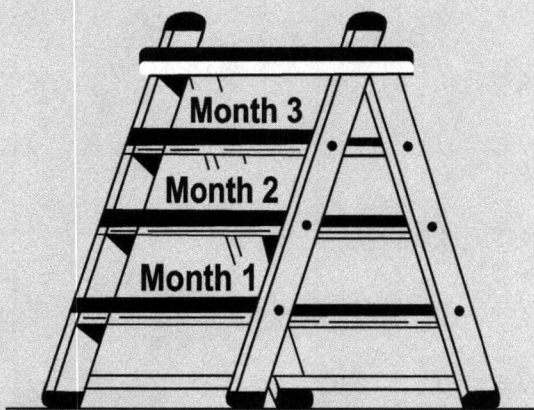

06

Ein dreimonatiger Plan für Führungskräfte zur Einführung von KI

Der Einsatz von KI verändert die Arbeit von Führungskräften, die innovativ sein und ihre Führungsqualitäten verbessern wollen. Sie erweitert Ihre Führungskompetenzen um ein modernes, elegantes Tool, mit dem du deine Führungsqualitäten verbessern und dein Team inspirieren kannst. Auch wenn der Gedanke, mit KI zu beginnen, zunächst einschüchternd wirken mag, insbesondere wenn du dich normalerweise nicht mit Technik auskennst, konzentriert sich dieses Kapitel darauf, KI zu erklären und zugänglich zu machen. Ähnlich wie bei jedem neuen Hobby wirst du dich fragen, warum du nicht schon früher damit angefangen hast, sobald du die Grundlagen verstanden hast und erste Ergebnisse siehst.

> „Fortschritte fangen klein an, werden aber zu einer starken Unterstützung in deinem täglichen Führungsalltag."

In diesem Kapitel zeigen wir dir einen praktischen Dreimonatsplan, der Führungskräften den Einstieg in die KI-Nutzung erleichtert, ohne sie zu überfordern. Im ersten Monat testen wir einfache KI-Anwendungen und zeigen Tools für die Planung und Kommunikation, die den Arbeitsalltag vereinfachen. Wenn du dich damit wohlfühlst, integrieren wir diese KI-Tools ab dem zweiten Monat in die normalen Arbeitsabläufe, um die Effizienz zu steigern und mehr Zeit für strategische Aufgaben zu schaffen. Mit klaren Zielen und Feedback-Schleifen begleitet dich dieses Kapitel von den ersten Schritten bis zur selbstbewussten Integration von KI in die Kultur deines Unternehmens.

Monat 1: Mit einfachen KI-Anwendungen experimentieren

KI zu lernen kann echt überwältigend sein, vor allem für Führungskräfte, die mit der Technologie nicht vertraut sind – so ähnlich wie der Versuch, IKEA-Möbel mit einer Anleitung in Binärcode zusammenzubauen. Aber klein anzufangen hilft Führungskräften, KI zu verstehen, denn niemand läuft einen Marathon, bevor er nicht gelernt hat, nicht über seine eigenen Schnürsenkel zu stolpern.

Probiere KI-Tools aus, die einfache Aufgaben wie Terminplanung, Datenanalyse und Kommunikation übernehmen. Diese Tools haben einfache Benutzeroberflächen – so einfach, dass sogar meine Oma damit klarkommt – und bringen sofort Vorteile, die den Arbeitsalltag vereinfachen. KI-Terminplaner können zum Beispiel Meetings automatisch organisieren, indem sie mehrere Kalender effizient verwalten und so das übliche Hin und Her bei der Suche nach passenden Terminen reduzieren.

Solche Tools steigern die Produktivität und ermöglichen es Führungskräften, ihre Energie auf strategische statt auf logistische Aufgaben zu konzentrieren. Auf die gleiche Weise analysieren KI-gesteuerte Kommunikations-Tools E-Mails, markieren dringende Nachrichten und schlagen sogar Antworten auf der Grundlage früherer Interaktionen vor, wodurch der Kommunikationsprozess optimiert wird.

Praktische Experimente

Direkte Experimente machen KI echt klar. Wenn die Teammitglieder mit diesen Tools arbeiten, schaffen Chefs eine Lernumgebung, in der alle durch Ausprobieren lernen können. Diese praktische Erfahrung nimmt die Angst vor dem Unbekannten und schafft Verständnis. Team-Workshops, in denen jeder verschiedene KI-Anwendungen ausprobiert, zeigen Ergebnisse. In diesen Workshops können die Teammitglieder ihre Entdeckungen, Tipps und Erkenntnisse über den Einsatz von KI in ihren jeweiligen Rollen austauschen.

Feedback-Mechanismus

Es ist echt wichtig, klare Wege für Feedback zu KI-Tools zu schaffen – egal ob durch Teammeetings, digitale Foren oder Vorschlagsboxen. Dieses Feedback hilft dabei, die Nutzung der Tools zu verbessern und sicherzustellen, dass die Bedürfnisse des Teams erfüllt werden. Es kann sowohl Herausforderungen (z. B. Probleme mit der Benutzeroberfläche) als auch unerwartete Vorteile (z. B. neue Anwendungsmöglichkeiten für Tools) aufzeigen.

„Durch regelmäßige Gespräche können Chefs schnell auf Bedenken eingehen

und die Einführung von KI im ganzen Team optimieren."

Erste Ziele setzen

Leg für den ersten Monat mit KI klare, messbare Ziele fest, zum Beispiel mehr Effizienz, weniger Fehler oder mehr Produktivität. Konzentrier dich auf die Bereiche, wo es am meisten zu verbessern gibt, wie zum Beispiel die Automatisierung von zeitraubenden Berichten. Check regelmäßig, wie's läuft, und stell sicher, dass alle, egal ob Chefs oder Teammitglieder, sich für die Einführung engagieren. So stellst du sicher, dass KI wirklich was bringt und nicht nur rumsteht und verstaubt.

Monatliche Aktivitäten

Woche 1: Entdecken von KI-Tools (2–3 Stunden)

Nimm dir Zeit für Recherche und Auswahl, um deine KI-Reise zu starten. Schau dir erst mal 5 bis 7 KI-Tools an, die dir bei deinen Aufgaben als Führungskraft helfen könnten. Konzentrier dich dabei auf Tools für gängige Aufgaben wie E-Mail-Management, Terminplanung oder Datenanalyse. Denk dabei an Faktoren wie die Benutzeroberfläche, die Integration in bestehende Systeme und den Kundensupport.

Wenn du in einem großen Unternehmen arbeitest, frag am besten zuerst deine IT-Abteilung, welche KI-Tools in deinem Unternehmen schon genutzt werden. Viele Firmen haben spezielle Sicherheitsprotokolle und genehmigte KI-Lösungen, die ihren Datenschutzrichtlinien entsprechen. Du solltest dich vor allem damit beschäftigen, welche KI-Funktionen in der von deinem Unternehmen genehmigten Software-Suite enthalten sind, z. B. KI-Funktionen in Microsoft 365 oder den Projektmanagement-Plattformen deines Unternehmens.

Wenn du die Tools frei wählen kannst, such dir 2–3 Tools aus, die du sofort einsetzen kannst. Das sollten Tools sein, die deine aktuellen Probleme lösen und klares Potenzial für Produktivitätssteigerungen bieten. Überleg dir, einen KI-Terminplaner zu wählen, um den Zeitaufwand für die Koordination von Besprechungen zu reduzieren, und einen KI-Schreibassistenten, um deine Kommunikationsprozesse zu verbessern.

Woche 2: Praktischer Test (4–5 Stunden über die Woche verteilt)

Nimm dir jeden Tag Zeit, um die KI-Tools, die du ausgewählt hast, aktiv in deinen Arbeitsablauf einzubauen. Fang mit einfachen Aufgaben an und mach dann nach und nach komplexere Sachen. Schreib jeden Tag auf, wie es gelaufen ist, was gut geklappt hat und wo es Probleme gab. Wenn du kannst, notier dir konkrete Zahlen, wie viel Zeit du gespart hast oder welche Aufgaben du automatisieren konntest, oder merk dir das zumindest so.

Dein tägliches Protokoll sollte Folgendes enthalten:

- ▶ Mit dem KI-Tool erledigte Aufgaben.
- ▶ Zeitersparnis im Vergleich zu herkömmlichen Methoden.
- ▶ Unerwartete Vorteile oder Einschränkungen entdeckt.
- ▶ Fragen oder Bedenken, die während der Nutzung auftauchen.
- ▶ Mögliche Aufgaben für Teammitglieder.

Woche 3: Teamvorstellung (1-stündiges Treffen + Nachbesprechung)

Organisiere ein Meeting mit einem kleinen Team, um die KI-Tools vorzustellen, die du getestet hast. Teile deine Erfahrungen aus erster Hand, sowohl die Erfolge als auch die Lernerfahrungen. Zeige anhand von Daten aus deinen Protokollen der zweiten Woche konkrete Beispiele dafür, wie diese Tools deinen Arbeitsablauf verbessert haben.

Gib jedem Teammitglied ein bestimmtes KI-Tool zum Ausprobieren, je nach seiner Rolle und seinen Aufgaben. Stell klare Richtlinien für das Testen und die Rückmeldung bereit. Erstell eine einfache Vorlage, in der die Teammitglieder ihre Erfahrungen dokumentieren können, um konsistentes und nützliches Feedback zu gewährleisten, oder finde informelle Wege, um Feedback und Erfahrungen mit dem Tool auszutauschen.

Woche 4: Feedback und Zielsetzung (2-stündige Sitzung)

Mach eine umfassende Feedbackrunde mit deinem Team, wo alle ihre Erfahrungen mit den AI-Tools teilen, die sie bekommen haben. Nutze diese gemeinsamen Erkenntnisse, um:

▶ die vielversprechendsten Tools herauszufinden.
▶ gemeinsame Herausforderungen oder Bedenken anzugehen.
▶ teile unerwartete Vorteile, die du entdeckt hast.
▶ überlegt mal, was man ändern könnte, damit alles besser zusammenpasst.

Nach diesen Gesprächen solltest du mit deinem Team 2–3 konkrete Ziele für die KI-Implementierung im nächsten Monat festlegen. Diese Ziele sollten SMART sein (spezifisch, messbar, erreichbar, relevant und terminiert), zum Beispiel:

▶ Spar dir mit einem KI-Assistenten für die Terminplanung 50 % der Zeit für die Planung von Meetings.
▶ Automatisiere 75 % der Routine-E-Mail-Antworten mit KI-Kommunikationstools.
▶ KI-Datenanalyse-Tools für mindestens zwei monatliche Berichte einrichten.

Mit diesem dreimonatigen Plan können Chefs nach und nach Vertrauen und Know-how im Umgang mit KI-Tools aufbauen. Der Weg mag mit kleinen Schritten beginnen, aber jeder Schritt erweitert den Horizont, zeigt neue Möglichkeiten auf und stärkt die Prozesse im Unternehmen. Chefs, die sich auf diese strukturierte Weise mit KI-Technologie beschäftigen, holen sich nicht nur wertvolle Fähigkeiten, sondern motivieren auch ihre Teams, Innovationen anzunehmen.

Während Unternehmen sich weiterentwickeln, bilden die aus diesen ersten Experimenten gewonnenen Erkenntnisse die Grundlage für die weitere Integration von KI. Sie befähigen Führungskräfte, komplexere KI-Fähigkeiten weiter zu erforschen und eine Kultur des kontinuierlichen Lernens und der Anpassungsfähigkeit zu stärken. Letztendlich ebnen Führungskräfte durch den Start mit überschaubaren, klar definierten Maßnahmen den Weg für eine tiefere Einbindung von KI, die die Teamleistung verbessert und Wettbewerbsvorteile schafft.

Monat 2: KI in die täglichen Arbeitsabläufe einbauen

Der Einsatz von KI im täglichen Betrieb bringt strategische Veränderungen mit sich, die die Arbeitsweise von Unternehmen komplett verändern können. Überleg dir zuerst, in welchen Bereichen deiner Arbeitsabläufe KI am meisten helfen könnte. Prozesse mit großer Wirkung – also solche, die für den Erfolg deines Unternehmens wichtig sind und viel Zeit und Ressourcen verbrauchen – müssen mit KI-Tools automatisiert und verbessert werden. Aufgaben wie die Dateneingabe oder -analyse werden mit KI automatisiert, wodurch wertvolle Mitarbeiter für strategischere Aufgaben frei werden. Das spart Zeit und steigert die Produktivität, da sich die Teammitglieder auf Tätigkeiten konzentrieren können, die menschliche Fähigkeiten erfordern.

Ausbildung und Weiterbildung

Sobald du die Hauptbereiche gefunden hast, musst du mit dem Training anfangen. Regelmäßige Trainingseinheiten helfen dir dabei, die Fähigkeiten zu erlernen, die du für den effektiven Einsatz neuer KI-Anwendungen brauchst. Das sollte keine einmalige Sache sein, sondern ein fortlaufender Lernprozess. Die Unterstützung des kontinuierlichen Lernens hilft den Teammitgliedern, über die neuesten KI-Entwicklungen auf dem Laufenden zu bleiben. Nutze interaktive Workshops und praktische Übungen für eine aktive Teilnahme, um den Lernprozess spannender und effektiver zu gestalten.

Überwachung und Anpassung

Wenn man sieht, wie KI die Produktivität und Teamdynamik beeinflusst, kann man sie besser integrieren. Mit Systemen, die diesen Einfluss messen und analysieren, können Chefs fundierte Entscheidungen über notwendige Anpassungen treffen. Wenn man Kennzahlen wie die Erledigungsrate von Aufgaben vor und nach der Einführung von KI im Auge behält, bekommt man einen guten Überblick über Effizienzsteigerungen oder mögliche Probleme durch KI. Eine kontinuierliche Bewertung zeigt, dass KI die Abläufe verbessert, statt sie zu verlangsamen. Flexibilität ist wichtig: Wenn man bereit ist, Strategien anzupassen, sobald man aus diesen Bewertungen etwas lernt, führt das langfristig zu besseren Ergebnissen.

Zusammenarbeit fördern

Zusammenarbeit macht KI besser. Startet Teamprojekte, die KI-Tools nutzen, um Probleme zu lösen oder neue Möglichkeiten zu finden. Diese Projekte fördern die Teamarbeit und bringen innovative Ideen zusammen. Zum Beispiel könnten Teams aus verschiedenen Abteilungen gemeinsam einen Prototyp für ein neues KI-gesteuertes Kundenservice-Tool entwickeln und dabei unterschiedliche Perspektiven einbringen, um eine umfassendere Lösung zu finden. Solche gemeinsamen Anstrengungen können die konkreten Vorteile von KI zeigen und dazu führen, dass sie im ganzen Unternehmen mehr genutzt wird.

Monatliche Aktivitäten

Woche 1: Analyse des Arbeitsablaufs (3–4 Stunden)

Mach eine gründliche Analyse der Arbeitsabläufe in deiner Abteilung. Finde 3–5 wichtige Prozesse, die von KI-Verbesserungen profitieren könnten. Denk dabei an Arbeitsabläufe, die:

▶ zeitaufwendig und immer gleich.

▶ anfällig für menschliche Fehler.

▶ datensicher und analytisch.

▶ wichtig für den täglichen Betrieb.

Erstelle eine Liste mit Prioritäten, je nachdem, wie groß die Auswirkungen sein könnten und wie einfach die Umsetzung ist. Für jeden identifizierten Arbeitsablauf solltest du Folgendes dokumentieren:

▶ aktueller Zeit- und Ressourcenbedarf.

▶ schwierigkeiten und Probleme.

▶ erwartete Vorteile durch die Integration von KI.

▶ mögliche Herausforderungen oder Risiken.

Woche 2: Planung der KI-Integration (2-stündige Planungssitzung + Zeit für die Umsetzung)

Konzentriere dich auf die wichtigsten Aufgaben aus der Analyse der ersten Woche. Fang mit einer gut durchdachten Planung an, die Folgendes beinhaltet:

▶ beschreibt den aktuellen Arbeitsablauf im Detail.

▶ identifiziert bestimmte KI-Tools, die man gut einbauen kann.

▶ legt klare Schritte für die Umsetzung fest.

▶ verteilt Aufgaben und Verantwortlichkeiten.

▶ legt messbare Erfolgskriterien fest.

Nach der Planung geht's mit der Umsetzung los. Dazu gehören:

▶ einrichten des gewählten KI-Tools.

▶ die nötigen Unterlagen zusammenstellen.

▶ sicherungsmaßnahmen einrichten.

▶ die Integration in einer kontrollierten Umgebung testen.

Woche 3: Team-Training (2 Stunden Training + Zeit zum Üben)

Organisiere eine umfassende Schulung zum neuen KI-Tool. Denk daran, dass du als Chef andere Leute in deinem Team damit beauftragen kannst, diese Schulung vorzubereiten und durchzuführen. Du bist zwar der Chef, aber auch wenn du dein Wissen in einigen Bereichen erweitern kannst, um dein Team zu unterstützen, bist du nicht der Experte für das Thema. Es ist eine gemeinsame Lernsitzung für alle, auch für dich. Die Schulung sollte Folgendes beinhalten:

▶ die grundlegenden und fortgeschrittenen Funktionen des Tools zeigen.

▶ ein paar echte Anwendungsfälle durchspielen.

▶ gemeinsame Herausforderungen und Lösungen angehen.

▶ praktische Übungen anbieten.

Sorg dafür, dass jedes Teammitglied genug Zeit zum Üben hat, um

▶ Beispielaufgaben mit dem KI-Tool zu erledigen.

▶ typische Szenarien durchzuspielen.

▶ häufige Probleme zu lösen.

▸ fragen und Bedenken zu dokumentieren.

Woche 4: Überprüfung der Fortschritte und Anpassungen (2-stündiges Besprechungsmeeting)

Mach eine gründliche Besprechung, um zu sehen, wie sich die KI-Integration ausgewirkt hat. Konzentrier dich dabei auf

▸ die Analyse der Leistungskennzahlen.

▸ das Sammeln von Feedback vom Team.

▸ das Finden von Verbesserungsmöglichkeiten.

▸ das Dokumentieren der gewonnenen Erkenntnisse.

Nutze diese Phase, um

▸ die Effizienz vor und nach der Integration zu vergleichen.

▸ alle Herausforderungen oder Bedenken anzusprechen.

▸ notwendige Anpassungen an den Arbeitsabläufen vorzunehmen.

▸ die nächsten Schritte für die Erweiterung der KI-Integration zu planen.

Monat 3: KI als strategischen Partner sehen

In der schnelllebigen Welt von heute ist KI mehr als nur ein Tool – sie ist zu einem unverzichtbaren Partner bei der strategischen Planung und Entscheidungsfindung geworden. Für Führungskräfte, die langfristige Unternehmensziele erreichen und sich einen Wettbewerbsvorteil verschaffen wollen, ist es wichtig, das Potenzial von KI zu verstehen. KI kann riesige Datenmengen schnell analysieren und so Erkenntnisse liefern, die Unternehmen dabei helfen, Markttrends vorherzusagen, das Kundenerlebnis zu verbessern und Abläufe zu optimieren. Erfolgreiche Führungskräfte wie Elon Musk nutzen KI zum Beispiel für innovative Entwicklungen im Bereich autonomer Fahrzeuge und verschaffen Tesla damit einen erheblichen Wettbewerbsvorteil. In ähnlicher Weise setzen

Führungskräfte im Gesundheitswesen KI ein, um die Behandlungsergebnisse von Patienten zu verbessern, indem sie Krankheitsausbrüche vorhersagen oder Behandlungspläne personalisieren.

KI auf Führungsstrategien abstimmen

Ein weiterer wichtiger Schritt ist, KI-Überlegungen in die normalen Strategiegespräche einzubauen. Wenn Unternehmen KI in diese Gespräche einbeziehen, können sie ihre aktuellen Strategien checken und so anpassen, dass sie die Möglichkeiten von KI voll ausnutzen. Dabei könnten Fragen aufkommen wie: *Wie kann KI unsere Produktentwicklung verbessern? Welche neuen Chancen kann KI in unseren Märkten eröffnen?* Wenn Strategien regelmäßig mit Blick auf KI überprüft werden, können Unternehmen flexibel bleiben und sich schnell an neue technologische Entwicklungen anpassen.

Eine Kultur der Innovation fördern

Auch der Aufbau einer Innovationskultur durch KI ist wichtig. Wenn man Mitarbeiter auf allen Ebenen dazu ermutigt, mit KI zu experimentieren, kann das zu bahnbrechenden Innovationen führen. Firmen wie Google bringen ihre Teams dazu, mit KI-Technologien zu experimentieren, was zur Entwicklung von Produkten wie den intelligenten Suchfunktionen von Google Fotos führt. Um die gemeinsame Innovation zu fördern, sind KI-Hackathons eine gute Idee. Bei diesen Events kommen verschiedene Teams zusammen, um gemeinsam innovative Lösungen mit KI zu entwickeln, was ein Gefühl der Verantwortung und Begeisterung für die Möglichkeiten der KI schafft.

Als Führungskraft kannst du dein Team als Vorreiter bei der Einführung von KI in deinem Unternehmen positionieren. Halte die KI-Erfolgsgeschichten deines Teams fest – einschließlich Produktivitätssteigerungen, innovativer Problemlösungen oder bahnbrechender Lösungen – und verbreite sie, um einen starken Dominoeffekt im gesamten Unternehmen auszulösen. Diese Sichtbarkeit zeigt die zukunftsorientierten Methoden deines Teams und macht deine Gruppe zu einem Kompetenzzentrum für KI-Innovationen.

Entwickle Fallstudien zu den KI-Implementierungen deines Teams, führe Wissensaustauschsitzungen durch oder schreibe Leitfäden mit Bewährte Verfahren, an denen sich andere Abteilungen orientieren können. Diese Führungsrolle bei der Einführung von KI stärkt den Ruf deines Teams als innovative Vorreiter und positioniert dich als transformativen Leader, der die Zukunft des Unternehmens aktiv gestaltet. Solche Initiativen schaffen oft neue Chancen für deine Teammitglieder und ziehen Top-Talente an, die Teil eines innovativen, zukunftsorientierten Teams werden möchten.

Ständiges Lernen und Anpassung

Um im Wettbewerb mithalten zu können, ist es super wichtig, dass man sich im Unternehmen ständig über KI auf dem Laufenden hält. In der digitalen Welt ist statisches Wissen schnell veraltet. Deshalb sollten Weiterbildungsprogramme zu neuen KI-Entwicklungen ganz oben auf der Prioritätenliste stehen. Unternehmen können Partnerschaften mit Bildungseinrichtungen oder Online-Lernplattformen eingehen, um Kurse zu KI-Grundlagen und fortgeschrittenen Anwendungen anzubieten. So können alle Mitarbeiter, von Neueinsteigern bis hin zu Führungskräften, ihre KI-Kompetenzen kontinuierlich ausbauen.

Monatliche Aktivitäten

Woche 1: Strategische KI-Bewertung (4–5 Stunden)

Mach eine SWOT-Analyse, um zu sehen, wie KI dein Unternehmen beeinflussen könnte:

Stärkenanalyse

▶ Schau mal, was du schon an KI-Fähigkeiten hast.

▶ Finde heraus, wo dein Unternehmen bei der Einführung von KI richtig gut ist.

▶ Schau dir mal an, welche KI-Implementierungen bisher gut geklappt haben.

Schwächenanalyse

▶ Finde Lücken in der KI-Infrastruktur und im Know-how.

▶ Schätze die begrenzten Ressourcen und technischen Einschränkungen ein.

▶ Finde heraus, wo es Widerstand gegen die Einführung von KI gibt.

Chancen erkunden

▶ Recherchiere neue KI-Technologien, die für deine Branche wichtig sind.

▶ Identifiziere 3–5 langfristige Unternehmensziele, die durch KI unterstützt werden könnten, wie zum Beispiel
   o möglichkeiten zur Markterweiterung
   o verbesserungen der betrieblichen Effizienz
   o verbesserungen der Kundenerfahrung
   o produktinnovationsmöglichkeiten

Bedrohungen berücksichtigen

▸ Analysiere die KI-Initiativen der Konkurrenz.

▸ Finde mögliche Probleme in deiner Branche.

▸ Regulatorische und Compliance-Herausforderungen einschätzen.

Woche 2: Entwicklung einer KI-Strategie (3-stündige Strategiesitzung)

Bevor du loslegst, nimm dir 3 Stunden in der Woche dafür. Dann entwickle eine erste KI-Strategie, die zu deinen Unternehmenszielen passt:

Bestandteile der Strategiesitzung

▸ Schreib eine klare Vision für die KI-Integration auf.

▸ Leg konkrete strategische Ziele fest.

▸ Ressourcenbedarf und Zeitplan skizzieren.

▸ Leg Erfolgskriterien und KPIs fest.

Einbindung der Interessengruppen

▸ Teile den Strategieentwurf mit den wichtigsten Leuten.

▸ Hol Feedback von verschiedenen Abteilungen ein.

▸ Die Strategie anhand der Rückmeldungen anpassen.

▸ Mach dir einen Plan, wie du das umsetzen willst.

Woche 3: Innovationsinitiative (2-stündige Brainstorming-Sitzung + Nachbereitung)

Mach mit deinem Team ein Brainstorming zu KI-Innovationen:

Struktur einer Brainstorming-Sitzung

▸ Schau dir mal die aktuellen KI-Trends in der Branche an.

▸ Sammle Ideen für KI-Anwendungen in deinem Unternehmen.

▸ Mach eine Machbarkeitsstudie und schätze die möglichen Auswirkungen ein.

▶ Vorgeschlagene Neuerungen nach Prioritäten sortieren.

Projektwahl und Planung

▶ Such dir ein cooles KI-Projekt aus, das du als Prototyp entwickeln willst.

▶ Stell ein Team aus Leuten aus verschiedenen Bereichen zusammen, um das Ganze umzusetzen.

▶ Projektumfang und Ziele festlegen.

▶ Mach dir einen genauen Zeitplan für dein Projekt.

▶ Leg Erfolgskriterien fest.

Woche 4: Lernen und Anpassungsplanung (2-stündige Planungssitzung)

Entwickle eine umfassende Lernstrategie, um die fortlaufende Einführung von KI zu unterstützen:

Entwicklung eines sechsmonatigen Lernplans

▶ Identifiziere die wichtigsten KI-Fähigkeiten, die in verschiedenen Rollen gebraucht werden.

▶ Plan strukturierte Lernprogramme und Workshops.

▶ Mach regelmäßig Treffen, um Wissen auszutauschen.

▶ Erstell Bewertungsmetriken für Lernergebnisse.

Partnerschaftsplanung

▶ Identifiziere mögliche Partnerschaften oder Kooperationen im Bereich KI, die man verfolgen könnte.
  - o Bildungseinrichtungen
  - o Technologielieferanten
  - o Forschungsorganisationen
  - o Industrieverbände

▶ Kriterien für die Bewertung von Partnerschaften entwickeln.

KI FÜR FÜHRUNGSKRÄFTE \\\

▶ Entwickle eine Strategie, um Leute zu erreichen.

▶ Plan die Ressourcenzuteilung für gemeinsame Projekte.

Wichtigste Punkte

▶ Fang klein an mit einfachen KI-Tools, um dich daran zu gewöhnen, und behalte dabei dein Ziel einer umfassenderen Veränderung im Unternehmen im Blick.

▶ Schaffe ein Umfeld, in dem die Teammitglieder dazu ermutigt werden, mit KI-Tools zu experimentieren und Feedback zu geben, um die Implementierung zu optimieren.

▶ Halte die KI-Einführung mit regelmäßigen Schulungen und Weiterbildungsmöglichkeiten am Laufen.

▶ Verfolge und messe den Einfluss von KI auf die Produktivität und die Arbeitsabläufe und bleib flexibel, um Strategien anhand der tatsächlichen Ergebnisse anzupassen.

▶ Fordere die Zusammenarbeit zwischen den Abteilungen an, um innovative KI-Anwendungen zu entdecken und bewährte Verfahren im ganzen Unternehmen zu verbreiten.

Findest du dieses Buch hilfreich?
Ich freue mich auf deine Rückmeldung!

Dein Feedback ist echt wichtig – nicht nur für mich als neuer Autor, sondern auch für andere Führungskräfte und Profis, die das Potenzial von KI in ihrer Arbeit ausschöpfen wollen.

Wenn dir dieses Buch neue Einblicke, Inspiration oder praktische Strategien gebracht hat, würdest du dir bitte **2 Minuten** Zeit nehmen, um deine Meinung zu sagen? Deine Bewertung hilft mir, noch bessere Ressourcen für dich zu erstellen und anderen diesen wertvollen Leitfaden näherzubringen.

Ob kurze Notiz oder ausführliche Antwort – jedes Feedback zählt und wird sehr geschätzt.

Vielen Dank, dass du uns auf dieser Reise unterstützt und Teil einer zukunftsorientierten Gemeinschaft von Führungskräften bist!

KAPITEL
07

Ein KI-fähiges Team aufbauen – Einführung und Experimentierfreudigkeit fördern

Der Aufbau eines KI-fähigen Teams hängt davon ab, dass ein Umfeld geschaffen wird, in dem Experimente und Wachstum den Erfolg vorantreiben. Eine Kultur, die KI begrüßt, ist wie die Vorbereitung eines fruchtbaren Bodens für Wachstum. Sie geht über die anfängliche Einrichtung hinaus, um die richtigen Bedingungen und ein starkes Fundament zu schaffen, und jedes Teammitglied versteht, wie es diese Neuerung unterstützen kann. Teams zu motivieren, KI-Technologien ohne Angst zu erforschen, fördert Innovationen. Wenn Menschen neue KI-Tools selbstbewusst ausprobieren und dabei Fehler machen, werden sie selbstbewusster und kreativer. Diese Transformation erfordert eine unterstützende Atmosphäre, in der das Lernen aus Fehlern nicht nur akzeptiert, sondern gefeiert wird.

Aufbau einer Teamkultur, die offen für KI-Experimente ist

Die Schaffung einer angenehmen Umgebung für das Experimentieren mit KI-Tools ist in diesem Zeitalter des technologischen Fortschritts ein vorrangiges Ziel. Die Förderung einer Wachstumsmentalität innerhalb eines Unternehmens trägt dazu bei, dieses Ziel zu erreichen, indem sie die Art und Weise verändert, wie Teams neue Technologien wahrnehmen und mit ihnen umgehen. Die Idee, aus Fehlern zu lernen und sie als wichtige Erkenntnisse zu betrachten, führt zum Erfolg. Wenn Teammitglieder ermutigt werden, KI ohne Angst vor Fehlern zu erforschen, gewinnen sie das Selbstvertrauen, neue Methoden auszuprobieren und innovative Lösungen zu entwickeln. Es ist ein kultureller Wandel erforderlich, damit Experimente zu einem natürlichen Bestandteil des Entwicklungsprozesses werden und keine Quelle der Angst mehr sind.

Um diese Wachstumsmentalität zu entwickeln, sollten Führungskräfte klare Richtlinien vorgeben, die Erkundungen und Innovationen unterstützen. Teams können regelmäßige Feedback-Runden organisieren, um Mitarbeiter zu ermutigen, ihre Fehler zu teilen, aus ihnen zu lernen und diese Erkenntnisse in zukünftigen Projekten anzuwenden. Wenn Fehler als Lernmöglichkeiten betrachtet werden, gewinnen Teams das Selbstvertrauen, Risiken einzugehen und mit KI-Tools zu experimentieren, ohne Angst vor möglichen Konsequenzen zu haben.

Sichere Räume schaffen und Verletzlichkeit vorleben

Ein wesentliches Element besteht darin, dass Führungskräfte ihre Verletzlichkeit zeigen, indem sie ihre persönlichen Erfahrungen mit KI teilen.

> „Wenn Führungskräfte offen über ihre Erfahrungen sprechen – seien es anfängliche Bedenken, Herausforderungen oder Durchbrüche –, schafft dies Vertrauen und stärkt den Zusammenhalt im Team."

Stell dir vor, ein Chef erzählt, wie ein Projekt mit KI anfangs nicht so lief, wie erhofft, aber durch ständige Verbesserungen am Ende zu besseren Erkenntnissen geführt hat. Diese Offenheit macht KI einfacher und zeigt, dass Lernen ein ständiger Prozess ist, der nicht nur für neue Teammitglieder wichtig ist, sondern für alle im Unternehmen. Außerdem macht es Chefs menschlicher, zugänglicher und sympathischer.

Ein weiterer wichtiger Schritt ist, einen sicheren Raum für das Team zu schaffen, in dem es ohne Angst vor Konsequenzen experimentieren kann. Teams sollten sich sicher fühlen, dass ihre Bemühungen nicht bestraft werden, wenn etwas nicht wie geplant läuft. So entsteht ein Umfeld, das Kreativität und mutiges Denken fördert, was wiederum den Erfolg der KI vorantreibt. Dazu könnten zum Beispiel „Innovationszonen" oder spezielle Zeitfenster eingerichtet werden, in denen sich die Mitarbeiter ganz auf das Ausprobieren neuer Ideen konzentrieren können, ohne sich um die üblichen Leistungskennzahlen kümmern zu müssen. Diese Zonen fördern die

Zusammenarbeit und bringen unterschiedliche Talente zusammen, wodurch einzigartige Lösungen entstehen.

Als Nächstes können organisatorische Richtlinien diese sicheren Umgebungen unterstützen. Erwägt die Verwendung einer „Fail-Fast"-Methode, bei der Projekte schnell und kostengünstig scheitern dürfen, aber immer mit dem Ziel, daraus zu lernen. Würdigt Versuche und Lernerfolge mehr als traditionelle Erfolgskennzahlen. Fördert offene Foren oder Workshops, in denen die Ergebnisse dieser Experimente verbreitet werden, um eine Kultur des kollektiven Lernens und Fortschritts aufzubauen.

Von Erfolgsgeschichten aus der Industrie lernen

Teile Erfolgsgeschichten aus der Branche, um dein Team zu inspirieren und zu motivieren. Ein Einzelhandelsriese hat zum Beispiel KI eingesetzt, um die Bestandsverwaltung durch Prädiktive Analysen zu optimieren. Verbinde diese Geschichten mit konkreten Ergebnissen wie Kostensenkungen oder Effizienzsteigerungen und ermutige die Teams, darüber zu diskutieren, wie ähnliche Ansätze in deinem Kontext funktionieren könnten. Leg ein Archiv mit internen und externen Erfolgsgeschichten an, um kontinuierliches Lernen und Referenzierung zu unterstützen.

Kleine Erfolge feiern

Das Feiern von Erfolgen, egal wie klein sie auch sein mögen, gibt der Einführung von KI einen Schub – selbst wenn dein Team nur ein einfaches KI-gestütztes E-Mail-Sortiersystem nutzt, ist das schon ein Erfolg, der gewürdigt werden sollte. Wenn Teams eine KI-Lösung erfolgreich umsetzen oder eine neue Anwendung entdecken, zeigt das Teilen dieser Erfolge, wie wichtig Experimente und Innovationen sind. Durch unternehmensweite Ankündigungen, regelmäßige Präsentationen oder Beiträge auf internen Kommunikationsplattformen können diese Erfolge hervorgehoben werden und eine positive Stimmung rund um die Einführung von KI schaffen. Diese Feierlichkeiten sollten nicht auf große Durchbrüche beschränkt sein. Selbst kleine Verbesserungen der Effizienz oder der Arbeitsabläufe sind aussagekräftige Beispiele für Fortschritte – denn wenn wir auf Erfolge auf dem Niveau von HAL 9000 warten würden, wären wir alle schon vor der ersten Feier in Rente.

Nutzung von Nutzer-Feedback

Effektive Feedback-Schleifen sind sehr wichtig für die erfolgreiche Einführung und Nutzung von KI. Regelmäßige Umfragen, Fokusgruppen und Einzelgespräche mit Teammitgliedern, die KI-Tools nutzen, liefern wertvolle Infos darüber, was gut läuft und was verbessert werden kann. Dieses Feedback sollte aktiv gesammelt und analysiert werden, und auf Basis der Rückmeldungen sollten klare Maßnahmen ergriffen werden. Wenn Teammitglieder sehen, dass ihre Vorschläge umgesetzt werden, fühlen sie sich mehr verantwortlich für die KI-Initiativen und engagieren sich mehr dafür. Außerdem hilft dieser ständige Austausch den Führungskräften, auf eventuelle Bedenken oder Herausforderungen einzugehen, sodass schnell Anpassungen vorgenommen werden können, um die optimale Wirksamkeit der Tools und die Zufriedenheit der Nutzer sicherzustellen.

KI-Lernmöglichkeiten in Schulungsprogramme einbauen

Wenn Unternehmen wachsen, hilft es, KI-Schulungen in die Trainingsprogramme aufzunehmen, um die Fähigkeiten aller Teams zu verbessern und KI selbst einfacher zu machen. Unternehmen sind mit E-Learning-Plattformen erfolgreich. Diese Plattformen bieten Kurse für verschiedene Wissensstufen, sodass jeder, vom Anfänger bis zum Profi,

Inhalte findet, die zu seinem Kenntnisstand passen. Durch spielerische Elemente wie Quizfragen, Herausforderungen und Ranglisten werden diese Kurse spannender und machen mehr Spaß, was die Leute dazu motiviert, dranzubleiben. Mit KI-Lernprogrammen setzen sie auf Elemente, die selbst die kompliziertesten Themen zugänglich und unterhaltsam machen.

Workshops und Hackathons veranstalten

Workshops und Hackathons sind eine weitere coole Möglichkeit, um das Verständnis für KI zu verbessern. In praktischen Sessions können Teammitglieder direkt mit KI-Tools arbeiten und so praktische Erfahrungen sammeln, die man nur so machen kann. Diese Sessions fördern die Zusammenarbeit zwischen verschiedenen Fachbereichen und bringen Leute mit unterschiedlichen Fähigkeiten zusammen, um an echten Problemen zu arbeiten. So ein kollaboratives Umfeld erweitert den Horizont der Teilnehmer und bringt innovative Ideen hervor, die in einem isolierten Umfeld vielleicht nicht auftauchen würden. Wenn zum Beispiel ein Marketing-Spezialist bei einem Hackathon mit einem Datenanalysten zusammenarbeitet, kann das zu einzigartigen Strategien führen, die auf KI-Erkenntnissen basieren und letztendlich dem ganzen Unternehmen zugutekommen.

Mentorenprogramme aufbauen

Mentorenprogramme sind auch super, um KI in die Unternehmenskultur einzubringen. Wenn erfahrene Leute mit weniger erfahrenen zusammenarbeiten, gibt's eine persönliche Betreuung, die bei normalen Schulungen oft fehlt. Durch Mentoring können erfahrene Profis ihr Wissen über KI-Anwendungen in bestimmten Bereichen teilen und so Neulingen helfen, schneller Selbstvertrauen und Kompetenz aufzubauen. Das fördert den Austausch von Ideen, wobei auch die Mentoren neue Perspektiven von ihren Mentees bekommen können. Die Mentoring-Beziehung wird so zu einer wechselseitigen Bereicherung für beide Seiten.

Einen Schulungsplan aufstellen

Um KI-Wissen in einem Unternehmen zu verbreiten, braucht man einen speziellen Schulungsplan. Dieser muss auf die verschiedenen Rollen im Team zugeschnitten sein und zeigen, wie KI für jede Rolle wichtig ist. Wenn die Mitarbeiter Sachen lernen, die zu ihren täglichen Aufgaben passen, wird KI weniger abstrakt und wird Teil ihrer Arbeit. Der Plan sollte verschiedene Lernstile berücksichtigen – egal ob jemand eher visuell, auditiv oder kinästhetisch lernt –, damit jeder die Inhalte gut verstehen kann. Interaktive Simulationen könnten zum Beispiel für einen Teamleiter, der für strategische Entscheidungen verantwortlich ist, nützlich sein, während ein Programmierer eher code-basierte Übungen schätzt, die die Umsetzung von KI zeigen.

> „Praktische Beispiele machen das Gelernte besser. Sie zeigen, wie die Theorie in der Praxis funktioniert, und helfen den Leuten, sich vorzustellen, wie KI in ähnlichen Unternehmen oder Branchen wirkt."

Schau dir mal eine Fallstudie an, in der ein Einzelhandelsunternehmen KI für die Bestandsverwaltung einsetzt und dadurch die Gemeinkosten senken und die Effizienz steigern kann. Solche konkreten Beispiele kommen bei den Lernenden gut an und zeigen die potenziellen Vorteile in einem vertrauten Kontext.

Es ist auch sinnvoll, innerhalb des Schulungsrahmens Raum für Feedback und Iteration zu schaffen. Ermutigen Sie die Teilnehmer, ihre Erfahrungen, Schwierigkeiten und Erfolge auszutauschen. Diese Feedbackschleife verbessert nicht nur zukünftige Schulungsmodule, sondern erhöht auch die Transparenz und das Vertrauen innerhalb des Unternehmens. Die Mitarbeiter sehen, dass ihre Beiträge geschätzt und umgesetzt werden, was die Arbeitsmoral steigert und eine Kultur des gemeinsamen Wachstums und der Innovation fördert.

Zertifizierung und Karriereentwicklung

Ein gut durchdachtes Zertifizierungsprogramm erkennt die KI-Kenntnisse und -Fähigkeiten der Mitarbeiter an. Wenn Unternehmen klare Wege für die Zertifizierung festlegen, können sie konkrete Ziele und Meilensteine anbieten, die den Fortschritt ihrer Teams beim KI-Lernen zeigen. Diese Zertifizierungen sollten den Branchenstandards entsprechen und gleichzeitig auf die spezifischen Bedürfnisse des Unternehmens zugeschnitten sein. Wenn sie mit Aufstiegsmöglichkeiten verbunden sind, sind Zertifizierungen ein starker Anreiz für kontinuierliches Lernen und Weiterentwicklung. Wenn zum Beispiel bestimmte KI-Zertifizierungen erreicht werden, können Mitarbeiter neue Rollen oder Aufgaben übernehmen, was einen klaren Zusammenhang zwischen Lernen und Karriereentwicklung schafft.

Zusammenarbeit mit Experten und Überprüfung der Inhalte

Um sicherzugehen, dass die KI-Schulungsinhalte top sind, ist es echt wichtig, Partnerschaften mit KI-Experten und -Praktikern aufzubauen. Diese Kooperationen helfen dabei, die Lehrplaninhalte zu überprüfen und sie mit den sich schnell entwickelnden KI-Technologien und Bewährte Verfahren auf dem neuesten Stand zu halten. Regelmäßige Überprüfungen und

Aktualisierungen durch Fachexperten sorgen dafür, dass die Schulungsmaterialien immer korrekt und relevant sind. Dank dieses Fachwissens kann das Unternehmen bei der Einführung und Umsetzung von KI immer einen Schritt voraus sein, indem es neue Trends und Technologien in zukünftige Schulungsmodule einbaut.

Den Mitarbeitern die potenziellen Vorteile der KI klar vermitteln

Um ein Team für KI fit zu machen, muss man erst mal die Vorteile von KI klar rüberbringen, damit alle mitziehen und es keinen Widerstand gibt. Am besten erzählt man eine spannende Geschichte, die zeigt, wie KI Arbeitsabläufe und Entscheidungen verbessern kann. Schau dir einen mittleren Manager in einem Logistikunternehmen an, der komplexe Herausforderungen in der Lieferkette bewältigt. Mithilfe von KI-gesteuerter prädiktive Analysen prognostiziert dieser Manager Störungen und optimiert sofort die Routen, wodurch die Effizienz gesteigert und die Kosten gesenkt werden. Indem diese Verbesserungen mit alltäglichen Szenarien in Verbindung gebracht werden, wird KI entmystifiziert und gängigen Vorurteilen entgegengewirkt, die sie als übermäßig komplex oder bedrohlich darstellen.

Bei der Präsentation dieser Geschichten passen wir die Botschaft an die Bedürfnisse der jeweiligen Zielgruppe an. Einige Teammitglieder haben vielleicht noch Bedenken, dass KI ihre Jobs ersetzen oder ihre Aufgaben komplett verändern könnte. Geht direkt auf diese Bedenken ein, indem ihr betont, dass KI eher ein Hilfsmittel ist und nicht als Ersatz gedacht ist. Erklärt, dass KI Routineaufgaben vereinfacht, wodurch mehr Zeit für strategischere Tätigkeiten bleibt und ein dynamischeres Arbeitsumfeld entsteht.

Nutzung verschiedener Kommunikationskanäle

Die Verbreitung von Informationen innerhalb des Unternehmens erfordert verschiedene Kommunikationskanäle. Die Teammitglieder haben unterschiedliche Präferenzen, wenn es um den Konsum von Informationen geht. Während einige detaillierte E-Mails bevorzugen, die sie in ihrem eigenen Tempo lesen können, profitieren andere eher von interaktiven Videopräsentationen, in denen KI-Tools in Aktion gezeigt werden. Regelmäßige Meetings können als Plattform für Diskussionen dienen, während visuelle Elemente wie Infografiken und Diagramme komplexe Daten vereinfachen und die Vorteile von KI anschaulich veranschaulichen können. Wichtig ist, die Kommunikationswege zu diversifizieren und an unterschiedliche Präferenzen anzupassen, damit sich niemand ausgeschlossen oder überfordert fühlt.

Feedback-Schleifen erstellen

Um eine KI-fähige Kultur aufzubauen, braucht man Feedback-Systeme. Wenn man Teammitglieder nach ihrer Meinung zu KI-Initiativen fragt, kommt ein Dialog in Gang und Strategien können anhand von Echtzeit-Input angepasst werden. Dieser Ansatz schafft Transparenz und erhöht die Beteiligung an KI-Projekten, sodass Mitarbeiter zu aktiven Mitgestaltern werden und nicht nur passive Empfänger von Veränderungen sind. Mithilfe von Nutzer-Feedback können Teams KI-Implementierungen besser an die tatsächlichen Arbeitsabläufe und Ziele anpassen, was die allgemeine Zufriedenheit und Effektivität erhöht.

Schaffe während des Feedbacks Kanäle, über die Teams anonym Vorschläge oder Bedenken einreichen können. Geplante Feedback-Runden während Teambesprechungen bieten Gelegenheit für einen offenen Dialog. Zeige, wie das Feedback zu Veränderungen führt, und die Teammitglieder sehen, wie ihre Beiträge positive Veränderungen bewirken, was zu mehr Engagement und Zusammenarbeit führt. In einem Umfeld, in dem Feedback wichtig ist, entwickeln Teams ein Gefühl der Verantwortung für KI-Initiativen.

Vorteile der KI mit persönlichen Zielen verbinden

Ein weiterer strategischer Schritt ist, die Vorteile von KI mit persönlichen und Teamzielen zu verbinden. Zeig, wie die Integration von KI-Tools zu mehr Produktivität und einer höheren Arbeitszufriedenheit führen kann, indem Mitarbeiter sinnvollere Aufgaben übernehmen können. Du kannst zum Beispiel KI-Algorithmen für die Dateneingabe einsetzen, damit sich die Vertriebsteams auf den Aufbau von Beziehungen und den Abschluss von Geschäften konzentrieren können, was persönlich lohnender und für das Unternehmensergebnis vorteilhafter ist. Wenn du zeigst, wie KI mit den individuellen Zielen und der Karriereentwicklung im Einklang steht und diese unterstützt, machst du ihre Einführung attraktiver.

Hebe Teamerfolge hervor, die mit dem Einsatz von KI verbunden sind, wie z. B. verkürzte Projektlaufzeiten oder verbesserte Kundenzufriedenheitswerte, um die Rolle der KI als wertvolle Ressource zu festigen. Die öffentliche Anerkennung dieser Erfolge fördert nicht nur die weitere Nutzung, sondern motiviert auch andere im Unternehmen, zu erkunden, wie KI auch in ihren Bereichen ähnliche Vorteile bringen kann.

Erfolg messen und zeigen

Um die Dynamik aufrechtzuerhalten und den Wert von KI zu zeigen, ist es wichtig, klare Kennzahlen zu haben, mit denen man den Einfluss von KI verfolgen und zeigen kann. Erstellt Dashboards, die wichtige Leistungsindikatoren (KPIs) vor und nach der KI-Implementierung zeigen, damit die Vorteile greifbar und messbar werden. Diese Kennzahlen können zum Beispiel die Zeitersparnis bei Routineaufgaben, die Verbesserung der Genauigkeit bei Entscheidungen oder die

Kostensenkung in bestimmten Prozessen sein. Ein Kundenserviceteam könnte zum Beispiel die kürzeren Antwortzeiten und die bessere Kundenzufriedenheit durch KI-gestützte Chatbots verfolgen. Regelmäßige Berichte über diese Kennzahlen helfen, Vertrauen in KI-Initiativen aufzubauen und liefern konkrete Beweise für ihren Wert.

Erfolgsgeschichten von ähnlichen Organisationen

Von den KI-Erfahrungen anderer Unternehmen kann man echt viel lernen und sich inspirieren lassen. Erzähle von anderen Firmen in ähnlichen Branchen, die KI-Lösungen erfolgreich eingesetzt haben. Dabei solltest du sowohl auf die Herausforderungen als auch auf die positiven Ergebnisse eingehen. Wenn du zum Beispiel erzählst, wie ein Konkurrent seinen Marktanteil durch KI-basierte Kundenerkenntnisse gesteigert hat, kannst du den Wettbewerbsvorteil von KI aufzeigen. Solche Beispiele aus der Praxis machen die Vorteile von KI glaubwürdiger und liefern praktische Tipps für die eigene Umsetzung.

Wichtigste Punkte

▸ Fördere eine Denkweise, die Fehler als Chance zum Lernen sieht, damit die Angst vor Fehlern beim Experimentieren mit KI verschwindet.

▸ Schaffere sichere Räume für Teams, in denen sie KI frei erkunden können, ohne sich um traditionelle Leistungskennzahlen kümmern zu müssen.

▸ Schaffe Vertrauen, indem du als Führungskraft dich verletzlich zeigst und Erfahrungen teilst und damit zeigst, dass das Lernen mit KI für alle ein ständiger Prozess ist.

- Schaffe Feedback-Schleifen und offene Kommunikationskanäle, um KI-Strategien anhand von Team-Input und Erfahrungen aus der Praxis anzupassen.
- Feiere kleine und große Erfolge, um die konkreten Vorteile der KI-Einführung zu zeigen und den Schwung aufrechtzuerhalten.

INNOVATION   RESPONSIBILITY

08

Datenschutz und Gewährleistung der Privatsphäre im Zeitalter der KI

Der Schutz von Daten und die Wahrung der Privatsphäre im Zeitalter der KI verlangen von allen Führungskräften, dass sie schnell und präzise handeln. Da die Technologie immer schneller wird, müssen Manager und Führungskräfte KI in ihre Abläufe integrieren, ohne sensible Infos zu gefährden. Führungskräfte müssen sich mit den Datensicherheitsrisiken auseinandersetzen, die mit dem Fortschritt der KI einhergehen. In diesem Kapitel werden die wichtigsten Schritte beschrieben, die Führungskräfte unternehmen müssen, um ihre Unternehmen vor potenziellen Verstößen zu schützen. Dazu gehört nicht nur die Sicherung der Unternehmensdaten, sondern auch deren Schutz vor Kunden, Partnern und Mitarbeitern. Angesichts der zunehmenden Verbreitung von KI müssen Führungskräfte ihre Daten schützen und gleichzeitig die sich weiterentwickelnden Datenschutzbestimmungen einhalten.

Dieses Kapitel konzentriert sich auf praktische Maßnahmen, die du als Führungskraft ergreifen kannst, um einen verantwortungsvollen Umgang mit KI zu gewährleisten, auch ohne tiefgreifende technische Kenntnisse. Du lernst, wie du fundierte Entscheidungen darüber triffst, welche Daten dein Team an KI-Tools weitergibt, wann du dich mit der IT-Sicherheit beraten solltest und wie du dein Team im verantwortungsvollen Umgang mit sensiblen Informationen anleitest. Konkret lernst du, wie du klare Richtlinien dafür erstellst, welche Arten von Daten in externe KI-Tools eingegeben werden dürfen und welche Informationen streng innerhalb der internen Systeme zu bleiben haben.

Datenrisiken verstehen: Die Sicht einer Führungskraft

Wenn dein Team KI-Tools einsetzt, musst du kein Sicherheitsexperte werden – du musst nur kluge Entscheidungen darüber treffen, wie dein Team diese leistungsstarken Technologien nutzt. Während deine IT-Abteilung sich um die technischen Sicherheitsvorkehrungen kümmert, solltest du genug über Datenrisiken wissen, um fundierte Managemententscheidungen treffen zu können.

Datenlecks

Denk mal an die alltäglichen Situationen, mit denen du konfrontiert bist: Dein Team ist vielleicht begeistert von einem neuen KI-Tool zur Analyse von Kundenfeedback oder möchte KI zur Erstellung sensibler Geschäftsangebote einsetzen. Du musst ihnen dabei helfen zu verstehen, welche Informationen am besten für KI-Tools geeignet sind und welche innerhalb der sicheren Systeme deines Unternehmens bleiben müssen.

Stell dir ein KI-System vor, das im Gesundheitswesen eingesetzt wird und Patientenakten verarbeitet – wir reden hier von sensiblen Daten, die deinen Browserverlauf wie leichte Kost aussehen lassen. Wenn das gehackt wird, kommt es zu einer erheblichen Verletzung sensibler personenbezogener Daten, was den Patienten schadet und das Vertrauen in die Organisation untergräbt. Schließlich will niemand, dass seine Krankengeschichte viral geht – und das meinen wir im Sinne des Internets, nicht im medizinischen Sinne.

Daher sind umfassende Cybersicherheitsprotokolle wie Multi-Faktor-Authentifizierung (denn „Passwort123" reicht einfach nicht mehr aus), regelmäßige Sicherheitsaudits und Echtzeitüberwachung für den verantwortungsvollen Einsatz von KI unerlässlich. Durch diese proaktiven Maßnahmen reduzieren Führungskräfte das Risiko von Datenverletzungen und schützen sensible Informationen.

Einhaltungsrisiken

Die Einhaltung gesetzlicher Vorschriften bleibt ein wichtiger Punkt, auf den Führungskräfte bei der Nutzung von KI-Technologien achten müssen. Unternehmen müssen viele Datenschutzbestimmungen beachten, wie die DSGVO in Europa oder den CCPA in Kalifornien (Shreya, 2022). Wenn das nicht klappt, kann das böse Folgen haben, wie Geldstrafen und einen schlechten Ruf. Deshalb ist es wichtig, dass Führungskräfte die relevanten Compliance-Rahmenbedingungen genau kennen, um ihre KI-Strategien darauf auszurichten.

Stellen Sie sich ein Szenario vor, in dem ein Unternehmen eine KI-gestützte Kundendienstplattform einführt, ohne die Datenschutzgesetze zu berücksichtigen. Sollte diese Plattform Kundendaten falsch verarbeiten, könnte das Unternehmen mit erheblichen Strafen rechnen und seinen Ruf schädigen. Um solche Probleme zu vermeiden, sollten Unternehmen spezielle Datenschutzbeauftragte (DSBs) oder Compliance-Teams ernennen, die sich über die sich ändernden Vorschriften auf dem Laufenden halten und sicherstellen, dass alle KI-Prozesse den gesetzlichen Anforderungen entsprechen. Diese Teams können auch wertvolle Einblicke in die komplexe Landschaft des Datenschutzes geben und Unternehmen dabei helfen, die Vorschriften einzuhalten und gleichzeitig das volle Potenzial der KI auszuschöpfen.

Datenüberflutung und -verwaltung

Die Verwaltung der riesigen Datenmengen, die von KI-Systemen erzeugt werden, ist für Unternehmen eine große Herausforderung. Ohne gute Strategien für das Datenmanagement kann die Informationsflut schnell überwältigend und kontraproduktiv werden. Führungskräfte müssen systematische Ansätze entwickeln, um Daten effektiv zu filtern und zu priorisieren. Eine Marketingabteilung, die KI für Kundenanalysen einsetzt, sammelt zum Beispiel möglicherweise riesige Mengen an Daten zum Kundenverhalten. Ohne eine gute Organisation und Filterung wird es aber immer schwieriger, daraus umsetzbare Erkenntnisse zu gewinnen.

Um diese Herausforderung zu meistern, sollten Unternehmen strukturierte Datenmanagement-Frameworks einführen, die Folgendes umfassen

▶ klare Datenklassifizierungssysteme, um Infos nach Relevanz und Priorität zu kategorisieren.

▶ regelmäßige Datenprüfungen, um überflüssige oder veraltete Infos zu löschen.

▶ automatisierte Filtersysteme, um wichtige Datenpunkte zu identifizieren und zu priorisieren.

▶ klare Protokolle für die Aufbewahrung und Löschung von Daten.

„Die Auswirkungen einer schlechten Datenverwaltung können sich auf das gesamte Unternehmen auswirken und die Geschwindigkeit der Entscheidungsfindung, die

Ressourcenzuweisung und die allgemeine Produktivität beeinträchtigen."

Wenn Teams zum Beispiel viel Zeit damit verbringen, irrelevante Daten zu sortieren, haben sie weniger Kapazitäten für strategisches Denken und Innovation. Deshalb ist es super wichtig, in gute Datenmanagement-Lösungen zu investieren und Teams im effektiven Umgang mit Daten zu schulen, um die operative Effizienz aufrechtzuerhalten.

Implementierung von bestmöglichen Verfahren für den Datenschutz

In der heutigen Geschäftswelt ist es mehr als nur eine technische Anforderung, dass Daten gut geschützt sind. Es ist eine wichtige strategische Priorität für Unternehmen. Während Firmen KI einsetzen, um Entscheidungen besser zu treffen und effizienter zu arbeiten, ist es sehr wichtig, sensible Infos vor Angriffen zu schützen und dabei die Vorschriften einzuhalten. Mit guten Vorgehensweisen für den Datenschutz schützt man die Interessen des Unternehmens und baut Vertrauen bei Kunden und Partnern auf.

Sicherheitsstandards festlegen

Anstatt dich mit den technischen Details der Verschlüsselung zu beschäftigen, solltest du klare Sicherheitsstandards für dein Team aufstellen. Sprich mit deiner IT-Abteilung, um die grundlegenden Sicherheitsanforderungen zu verstehen und sie in praktische Richtlinien für dein Team umzusetzen. Das ist wichtig: Wenn du neue KI-Tools einsetzt, solltest du dir zuerst die richtigen Fragen zu Datenspeicherung, Zugriffskontrollen und Sicherheitszertifizierungen stellen. Du musst die technischen Details nicht verstehen, aber du solltest fundierte

Entscheidungen treffen, die die Interessen deines Unternehmens schützen und gleichzeitig die Effizienz im Betrieb aufrechterhalten.

Aufsicht und Rechenschaftspflicht

Als Führungskraft musst du dafür sorgen, dass regelmäßig Sicherheitsbewertungen durchgeführt werden, musst diese aber nicht unbedingt selbst machen. Plan vierteljährliche Meetings mit deinem IT-Team, um die Sicherheitsstatusberichte durchzugehen und mögliche Risiken für den Betrieb deiner Abteilung zu verstehen. Nutze diese Erkenntnisse, um strategische Entscheidungen über die Zuweisung von Ressourcen und Prozessverbesserungen zu treffen. Wenn Sicherheitsaudits zeigen, dass bestimmte Team-Praktiken Schwachstellen verursachen, solltest du Änderungen an den Arbeitsabläufen vornehmen, ohne die Produktivität zu beeinträchtigen.

Eine Kultur aufbauen, die auf Sicherheit achtet

Dein größter Beitrag zum Datenschutz kommt durch die Schaffung einer Kultur. Konzentriere dich darauf

- Sicherheitsbewusstsein zu einem festen Bestandteil der Teamdiskussionen zu machen.
- sicherheitsbewusstes Verhalten anzuerkennen und zu belohnen.
- mit gutem Beispiel voranzugehen, indem du Sicherheitsprotokolle befolgst.
- ein Umfeld zu schaffen, in dem sich Teammitglieder wohl fühlen, Sicherheitsbedenken zu melden.

Strategische Kommunikation

Sorgt für klare Kommunikationswege zwischen deinem Team und den IT-Sicherheitsexperten. Deine Aufgabe ist es

▶ die Lücke zwischen technischen Anforderungen und praktischen Geschäftsanforderungen zu schließen.

▶ sicherzustellen, dass Sicherheitsrichtlinien so kommuniziert werden, dass dein Team sie versteht und anwenden kann.

▶ das Feedback zwischen deinem Team und den IT-Sicherheitsmitarbeitern zu erleichtern.

▶ Sicherheitsinitiativen zu fördern und gleichzeitig sicherzustellen, dass sie die Produktivität nicht unnötig beeinträchtigen.

Als Chef musst du kein Sicherheitsexperte sein. Du musst einfach ein Umfeld schaffen, in dem die besten Sicherheitspraktiken Teil des Alltags werden. So schützt du dein Unternehmen und kannst dich auf die wichtigsten Geschäftsziele konzentrieren.

Bewertung von KI-Anbietern auf Einhaltung von Datenschutzstandards

Im aktuellen digitalen Zeitalter wird KI immer wichtiger, vor allem in Führungsrollen. Wenn Unternehmen KI nutzen, um effizienter zu arbeiten und besser zu planen, müssen sie unbedingt auf den Schutz ihrer Daten und die Wahrung der Privatsphäre achten. Ein wichtiger Teil davon ist die Bewertung von KI-Anbietern. So stellen Unternehmen sicher, dass sie mit Anbietern zusammenarbeiten, die die Vorschriften einhalten und verantwortungsvoll mit Daten umgehen.

Hintergrundüberprüfungen von Lieferanten

Jedes Unternehmen, das KI-Lösungen einführen will, sollte zuerst mal gründlich nach potenziellen Anbietern suchen. So kann man herausfinden, wie wichtig Datenschutz und -sicherheit für den Anbieter sind. Stell dir vor, du arbeitest mit einem Anbieter zusammen und findest später heraus, dass er schon mal in Datenlecks oder Rechtsstreitigkeiten wegen Datenmissbrauchs verwickelt war. So was kann den Ruf eines Unternehmens echt beschädigen und das Vertrauen der Interessenvertreter erschüttern. Deshalb ist es wichtig, die Geschichte eines Anbieters und die Erfahrungsberichte seiner Kunden zu checken und sich ein Bild von seiner Zuverlässigkeit und Ethik zu machen.

Überblick über KI-Tools

Hintergrundchecks sind zwar eine gute Basis, aber die spezifischen KI-Tools der Anbieter sollten genauer unter die Lupe genommen werden – weniger „swipe right", mehr „meet the parents". Dazu gehört, dass man checkt, wie diese Tools mit Daten umgehen, welche Daten sie brauchen und wie sie diese schützen. Ein typisches KI-gesteuertes Tool für das Kundenbeziehungsmanagement, das Kundeninteraktionen untersucht, zwingt Führungskräfte dazu, zu verstehen, ob und wie dieses Tool Kommunikationsdaten verschlüsselt, wer Zugriff auf diese Daten hat und ob dies mit den Datenschutzrichtlinien des Unternehmens übereinstimmt. Stell dir vor: Du findest ein Tool, das das Verhalten deiner Kunden besser versteht als dein Partner deine Stimmungsschwankungen, aber dessen Sicherheitsvorkehrungen sind so gut wie ein „Betreten verboten"-Schild an einer Baumhütte – da musst du wohl passen, egal wie beeindruckend die Analysen sind. Deshalb ist es wichtig, KI-Tools sowohl an den Werten als auch an den strategischen Zielen des Unternehmens auszurichten.

Einhaltung von Vorschriften

Der nächste Schritt im Bewertungsprozess besteht darin, von den Anbietern Nachweise über die Einhaltung der relevanten Datenschutzbestimmungen anzufordern. Vorschriften wie die DSGVO in Europa oder der CCPA in Kalifornien legen strenge Standards für den Umgang mit Daten fest, und jeder seriöse Anbieter verfügt über

Mechanismen, um die Einhaltung dieser Standards sicherzustellen. Durch das Einholen von Zertifikaten oder Dokumenten, die die Einhaltung der Vorschriften belegen, schützen sich Unternehmen rechtlich und bauen Vertrauen bei ihren Interessenvertreter auf. Die Einhaltung von Vorschriften ist keine einmalige Angelegenheit, sondern eine fortlaufende Verpflichtung, insbesondere angesichts sich ständig weiterentwickelnder Vorschriften. Verantwortungsbewusste Anbieter zeigen ihre Anpassungsfähigkeit, indem sie sich über Änderungen auf dem Laufenden halten und ihre Praktiken entsprechend aktualisieren.

Ausstiegsstrategien

Die Entwicklung umfassender Ausstiegsstrategien ist bei der Zusammenarbeit mit KI-Anbietern von entscheidender Bedeutung, da sie Unternehmen dabei helfen, die Kontrolle und Flexibilität in ihren Lieferantenbeziehungen zu bewahren. Diese Strategien sollten klare Verfahren für den Ausstieg aus den Dienstleistungen eines Anbieters festlegen, wenn dieser die Compliance-Standards oder andere vertragliche Verpflichtungen nicht erfüllt. Wenn beispielsweise ein Anbieter einen schwerwiegenden Datenverstoß begeht oder sich nicht an neue Datenschutzbestimmungen anpasst, kann ein vorab festgelegter Ausstiegsplan dazu beitragen, Betriebsunterbrechungen zu minimieren und sensible Daten zu schützen.

Zu den wichtigsten Komponenten einer effektiven Ausstiegsstrategie sollten gehören

- ▶ klare vertragliche Bestimmungen zu Dateneigentum und -übertragung.
- ▶ detaillierte Verfahren für die Datenextraktion und -löschung.
- ▶ zeitliche Vorgaben für den Anbieterwechsel.
- ▶ Pläne zur Ressourcenzuweisung für die Übergangsphase.
- ▶ Kommunikationsvorlagen für die Beteiligten.

Schauen wir uns mal ein Beispiel aus der Praxis an: Ein Finanzdienstleister hat erfolgreich von einem KI-Anbieter zu einem anderen gewechselt, nachdem es Probleme mit der Compliance gab. Dank ihrer gut durchdachten Ausstiegsstrategie konnten sie

- einen schrittweisen Übergang durchführen, ohne dass es zu Unterbrechungen beim Service kam.
- eine vollständige Datenübertragung und -überprüfung sicherstellen.
- eine transparente Kommunikation mit den Kunden aufrechterhalten.
- Betriebsstörungen während des Wechsels minimieren.

Wichtigste Punkte

▸ Führe starke Sicherheitsmaßnahmen ein, wie Verschlüsselung und regelmäßige Kontrollen, um sensible Daten vor unbefugtem Zugriff zu schützen und das Vertrauen der Leute zu behalten.

▸ Behandle und reduziere KI-Voreingenommenheit durch die Einbeziehung von Teams mit unterschiedlichen Hintergründen, um faire und genaue Ergebnisse in allen Anwendungen zu gewährleisten.

▸ Mit speziellen Compliance-Teams und regelmäßigen Aktualisierungen der Richtlinien kannst du die Datenschutzbestimmungen (z. B. DSGVO und CCPA) einhalten.

▸ Sorg dafür, dass alle mit den Sicherheitsregeln vertraut sind, indem du gute Schulungen machst und klar sagst, wie mit Daten umgegangen werden soll.

09

Ethische Führung im Zeitalter der KI

Ethisches Führen mit KI erfordert die Abwägung komplexer moralischer Fragen. Während die Technologie Fortschritte macht, stehen Führungskräfte vor Entscheidungen, bei denen ethische Überlegungen mit technischem Know-how einhergehen. Die Einbindung von KI in Unternehmensprozesse geht über den Einsatz modernster Technologie hinaus. Im Mittelpunkt steht die verantwortungsvolle Anwendung von Technologien zur Wahrung der ethischen Standards des Unternehmens. Erfolg bedeutet, sowohl das Potenzial als auch die Fallstricke zu verstehen, wie beispielsweise algorithmische Verzerrungen und Datenschutzbedenken, die bei mangelnder Kontrolle auftreten können.

Dieses Kapitel untersucht die ethischen Herausforderungen, die KI für Führungskräfte mit sich bringt. Es zeigt, wie Führungskräfte Verzerrungen in KI-Systemen erkennen und beseitigen können, um Fairness und Gleichheit in ihren Unternehmen zu fördern. Das Kapitel erörtert, wie Datenschutz effektiv funktioniert und die Rechte der Mitarbeiter neben neuen Technologien schützt. Anhand von Fallstudien und praktischen Leitlinien vermittelt das Kapitel Führungskräften Methoden für einen verantwortungsvollen Umgang mit KI. Es betont auch die Bedeutung von Transparenz und Einbeziehung der

Interessenvertreter, um die Integrität der Organisation zu wahren und gleichzeitig das Potenzial der KI zu nutzen. Durch diese Untersuchung soll das Kapitel Führungskräften Einblicke und Strategien vermitteln, um Innovation und ethische Verantwortung in Einklang zu bringen.

Bewältigung ethischer Herausforderungen durch KI

Während Führungskräfte sich mit den rasanten technologischen Veränderungen, insbesondere im Bereich der KI, auseinandersetzen, sehen sie sich mit vielen ethischen Dilemmata konfrontiert, die ihre Unternehmen prägen. Eine der dringendsten Herausforderungen besteht darin, zu verstehen, wie algorithmische Entscheidungen sich auf Mitarbeiter und Interessenvertreter auswirken können. KI-Systeme verwenden komplexe Algorithmen, um Daten zu verarbeiten und Entscheidungen zu treffen. Diese Algorithmen übernehmen jedoch Vorurteile, die in ihren Trainingsdaten oder ihrer Programmierlogik verankert sind.

> „Wenn ein Einstellungsalgorithmus aus historischen Unternehmensdaten mit eingebetteten geschlechtsspezifischen Vorurteilen lernt, könnte er geschlechtsspezifische Diskriminierung wiederholen, indem er männliche Bewerber gegenüber gleich qualifizierten weiblichen Bewerberinnen bevorzugt."

Das Verständnis dieser Vorurteile wirkt sich direkt auf einzelne Mitarbeiter und die gesamte Unternehmensdynamik aus – und glauben Sie mir, Sie möchten nicht, dass Ihre KI wie ein voreingenommener Schiedsrichter bei einem Fußballspiel in Ihrer Heimatstadt Favoriten bevorzugt. Ein voreingenommener Algorithmus, der Beförderungen oder Gehaltsstufen beeinflusst, kann zu Unzufriedenheit unter den Mitarbeitern, sinkender Arbeitsmoral und rechtlichen Auseinandersetzungen führen. Interessenvertreter wie Kunden und Investoren werden diese Vorurteile hinterfragen, was dem Ruf des Unternehmens schaden kann. Führungskräfte müssen Fairness und Gleichberechtigung in ihren Teams fördern.

Datenschutz- und Überwachungsaspekte

Neben algorithmischen Verzerrungen stellen Überwachung und Datenschutz erhebliche ethische Probleme bei KI-Anwendungen dar. Moderne KI-Tools benötigen oft große Mengen personenbezogener Daten, um effektiv zu funktionieren, was Datenschutzbedenken aufwirft. Ein Unternehmen, das KI-gesteuerte Überwachungstools einsetzt, um die Produktivität seiner Mitarbeiter zu überwachen, kann unbeabsichtigt die Persönlichkeitsrechte einzelner Personen verletzen und damit Misstrauen schaffen. Die Mitarbeiter könnten sich ständig beobachtet fühlen, was zu einem feindseligen Arbeitsumfeld führt, in dem Autonomie und Kreativität abnehmen. Der Missbrauch sensibler Daten kann zu schwerwiegenden Reputationsschäden und rechtlichen Konsequenzen führen.

Führungskräfte müssen die Vorteile KI-gestützter Erkenntnisse gegen die potenzielle Verletzung der Privatsphäre abwägen. Sie müssen klare Richtlinien festlegen, welche Daten erfasst werden, wie sie verwendet werden und wer Zugriff darauf hat. Durch Transparenz und den Aufbau einer Unternehmenskultur, die Wert auf Datenschutz legt, können

Unternehmen ethische Bedenken im Zusammenhang mit Überwachungstechnologien verringern.

Verhinderung des Missbrauchs von KI

Das Bewusstsein für den potenziellen Missbrauch von KI trägt zum Schutz der Unternehmensintegrität bei. KI-Technologien können Innovationen vorantreiben, müssen jedoch sorgfältig überwacht werden. Denken Sie beispielsweise an den Einsatz von Chatbots im Kundenservice: Diese beschleunigen zwar die Bearbeitung von Anfragen, können aber ohne angemessene Kontrollen auch Fehlinformationen verbreiten. Der Missbrauch von KI-Tools zur Manipulation von Kundenmeinungen oder zur Irreführung von Interessenvertretern gefährdet das langfristige Vertrauen und die Glaubwürdigkeit eines Unternehmens.

Unternehmen sollten Schulungsprogramme entwickeln, in denen ihre Mitarbeiter über den ethischen Umgang mit KI-Tools informiert werden. Das Wissen um die Fähigkeiten und Grenzen von KI bereitet Führungskräfte darauf vor, starke Überwachungsrahmen zu schaffen. Regelmäßige Audits und Bewertungen von KI-abhängigen Prozessen bestätigen, dass diese Systeme ethischen Standards und Unternehmenswerten entsprechen.

So hat Samsung Electronics beispielsweise im Jahr 2023 die Verwendung generativer KI-Tools wie ChatGPT verboten, nachdem festgestellt wurde, dass Mitarbeiter sensible Quellcodes auf diese Plattformen hochgeladen hatten, was zu einem schwerwiegenden Vorfall im Bereich der Datensicherheit führte (Ray, 2023).

Auch in der Rechtsbranche gab es besorgniserregende Beispiele für den Missbrauch von KI. Im Jahr 2023 wurden Anwälte der Kanzlei Mata & Associates mit Sanktionen belegt, weil sie einen Schriftsatz eingereicht hatten, der von ChatGPT generierte erfundene Fallzitate enthielt (Milmo, 2023). Dieser Vorfall führte zu finanziellen Strafen und schädigte den Ruf der Kanzlei. Er zeigt, wie der unkontrollierte Einsatz von KI die berufliche Integrität gefährden kann.

Transparenz und Vertrauen schaffen

Eine wichtige Strategie, um ethische Risiken zu verringern, ist klare Transparenz bei KI-Prozessen – denn niemand mag eine Black Box, die Entscheidungen trifft wie eine magische 8er-Kugel mit einem Unternehmensabschluss. Transparenz stärkt das Vertrauen in die Organisation, während Unternehmen den Einsatz von KI-Technologien ausbauen. Wenn Führungskräfte erklären, wie KI-Tools funktionieren, einschließlich der Entscheidungskriterien und potenziellen Konsequenzen, schafft dies Vertrauen bei Mitarbeitern, Kunden und anderen Interessenvertreter – stell dir das so vor, als würde man allen einen Blick hinter den digitalen Vorhang gewähren, ohne dass ein nervöser Programmierer hektisch an den Hebeln zieht. Wenn Unternehmen ihre KI-Methoden offenlegen, schafft dies Verantwortlichkeit und hohe ethische Standards.

Transparenz kann durch konsistente Kommunikationskanäle gefördert werden, wie offene Foren oder Workshops, in denen Interessenvertreter mit KI-Experten in Kontakt treten, Fragen stellen und Bedenken äußern können. Regelmäßige öffentliche Bekanntgaben zur Einhaltung ethischer Richtlinien und Leistungskennzahlen im Bereich KI können Stakeholdern versichern, dass das Unternehmen sich für einen verantwortungsvollen Einsatz von KI einsetzt.

Einbindung der Interessengruppen

Unternehmen sollten aktiv Input von verschiedenen Leuten einholen, um sicherzustellen, dass ethische Aspekte umfassend berücksichtigt werden, zum Beispiel:

▶ Mitarbeiter aus allen Ebenen und Abteilungen
▶ Kunden und Endnutzer
▶ Branchenexperten und Ethikspezialisten
▶ Vertreter der Community
▶ Technikteams und Entwickler

Technische Teams sind zwar wichtig, aber sie sind nur eine Stimme in dieser Diskussion. Ingenieure und Entwickler bringen zwar wertvolle Einblicke in die Möglichkeiten und Grenzen der KI ein, aber es ist wichtig, ihre Sichtweise mit den Beiträgen derjenigen abzugleichen, die direkt von diesen Systemen betroffen sind. Mitarbeiter an vorderster Front haben praktische Einblicke in die Interaktion von KI-Tools mit dem Tagesgeschäft und den Kundenbedürfnissen. Ihre Erfahrungen aus der Praxis können potenzielle Probleme aufzeigen, die in theoretischen Diskussionen übersehen werden könnten.

Fallstudien zu ethischen Verfehlungen

Bei der Einführung von KI gibt's viele warnende Beispiele, aus denen Führungskräfte viel lernen können. Ein wichtiger Fall passierte bei einem bekannten Tech-Unternehmen, wo ein KI-Rekrutierungssystem bei seinen Empfehlungen geschlechtsspezifische Vorurteile zeigte. Das System, das mit historischen Einstellungsdaten aus einem Jahrzehnt trainiert wurde, benachteiligte Lebensläufe, die Begriffe wie „Frauen-Schachclub" oder „Frauenhochschule" enthielten.

Dieser Fehler zeigte, wie KI-Systeme bestehende gesellschaftliche Vorurteile verstärken können, wenn sie mit historischen Daten trainiert werden, die diskriminierende Praktiken aus der Vergangenheit widerspiegeln. Im Finanzsektor geriet eine große Bank in die Kritik, weil ihr KI-gestütztes Bonitätsbewertungssystem Frauen niedrigere Kreditlimits zuwies, obwohl sie bessere Bonitätswerte hatten als ihre männlichen Kollegen. Der Algorithmus war zwar nicht explizit mit geschlechtsspezifischen Vorurteilen programmiert, schuf jedoch durch seine Trainingsdaten und die komplexen Wechselwirkungen verschiedener Bewertungsfaktoren diskriminierende Muster. Dieser Fall zeigte, wie neutrale Algorithmen zu diskriminierenden Ergebnissen führen können, und verdeutlichte die Notwendigkeit strenger Tests und einer kontinuierlichen Überwachung von KI-Systemen auf potenzielle Vorurteile. Im Gegensatz zu diesen Fehlschlägen haben mehrere Organisationen erfolgreich ethische KI-Rahmenwerke geschaffen, die positive Maßstäbe für die Branche setzen. Ein Gesundheitsdienstleister im Mittleren Westen hat ein KI-Diagnosesystem entwickelt, das demografische Vielfalt in seinen Trainingsdaten und Entscheidungsprozessen berücksichtigt. Erreicht hat das die Organisation durch ein strenges Protokoll zur Datenerfassung, das verschiedene Bevölkerungsgruppen berücksichtigt, und durch regelmäßige Vorurteilsprüfungen. Der Erfolg beruht darauf, dass verschiedene Interessengruppen in den Entwicklungsprozess einbezogen wurden und eine klare Kommunikation über die Fähigkeiten und Grenzen des Systems stattfand.

Erkennen und Reduzieren von Vorurteilen in KI-Systemen

Durch die schnellen Veränderungen in der Technologie wird es immer üblicher, KI in Geschäftsentscheidungen einzubauen. Aber trotz ihres Potenzials, ganze Branchen zu verändern, bringen KI-Systeme oft unbeabsichtigte Vorurteile mit sich. Für Führungskräfte, die KI verantwortungsbewusst und ethisch einsetzen wollen, ist es wichtig, die Ursachen für Vorurteile in der KI zu verstehen und gute Strategien zu entwickeln, um diese zu reduzieren.

Die wichtigsten Ursachen für Verzerrungen erkennen

Voreingenommenheit in der KI kommt oft von der Art, wie Daten ausgewählt werden. KI braucht riesige Datensätze, um zu lernen und Entscheidungen zu treffen. Wenn diese Datensätze nicht sorgfältig zusammengestellt werden, können sie bestehende gesellschaftliche Vorurteile widerspiegeln und zu verzerrten Ergebnissen führen. Wenn zum Beispiel ein KI-Rekrutierungstool mit historischen Einstellungsdaten trainiert wird, die überwiegend Kandidaten aus bestimmten demografischen Gruppen enthalten, kann es diese Vorurteile unbeabsichtigt weitergeben, indem es bei zukünftigen Einstellungsempfehlungen ähnliche Profile bevorzugt.

Daher ist eine inklusive und repräsentative Datenerfassung unerlässlich, um Verzerrungen von Anfang an zu minimieren. Führungskräfte sollten bei den Datensätzen, die zum Trainieren ihrer KI-Systeme verwendet werden, auf Vielfalt achten und sicherstellen, dass diese ein breites Spektrum an Perspektiven und Erfahrungen abdecken. Der menschliche Faktor bei der KI-Entwicklung bringt weitere potenzielle Verzerrungen mit sich, mit denen sich Führungskräfte auseinandersetzen müssen. Die persönlichen Erfahrungen, kulturellen Hintergründe und Annahmen der Entwicklungsteams können Einfluss darauf haben, wie sie KI-Systeme entwerfen und implementieren.

Diese persönlichen Vorurteile zeigen sich auf vielfältige Weise, von der Auswahl der Trainingsszenarien bis hin zur Definition von Erfolg. Einem Team, dem es an Vielfalt mangelt, könnten Fälle entgehen, die Minderheiten betreffen, oder es könnte aufgrund begrenzter Sichtweisen

Annahmen über das Nutzerverhalten treffen. Um dem entgegenzuwirken, sollten Führungskräfte vielfältige KI-Entwicklungsteams aufbauen und Prozesse schaffen, die unterschiedliche Sichtweisen während der gesamten Entwicklung einbeziehen. Regelmäßige Diversity-Schulungen und -Reviews, an denen Menschen mit unterschiedlichem Hintergrund teilnehmen, tragen dazu bei, dass der KI-Entwicklungsprozess von verschiedenen Perspektiven geprägt ist.

Faire KI-Praktiken umsetzen

Regelmäßige Audits von KI-Systemen sind echt wichtig, um Vorurteile zu erkennen und zu beheben, bevor sie zu schlechten Entscheidungen führen. Bei diesen Audits wird genau geschaut, wie KI-Algorithmen Vorhersagen treffen und wie sich das in verschiedenen Situationen auswirkt. Denke beispielsweise daran, wie ein Finanzinstitut, das KI für die Bonitätsprüfung einsetzt, regelmäßige Überprüfungen durchführen könnte, um festzustellen, ob der Algorithmus Antragsteller aufgrund ihres sozioökonomischen Hintergrunds unverhältnismäßig stark benachteiligt. Durch die frühzeitige Erkennung solcher Muster können Unternehmen ihre KI-Modelle entsprechend anpassen und so faire Ergebnisse fördern. Regelmäßige Audits helfen nicht nur, unvorhergesehene Verzerrungen zu korrigieren, sondern stärken auch das allgemeine Vertrauen und die Glaubwürdigkeit von KI-Einsätzen innerhalb des Unternehmens.

Schulungs- und Sensibilisierungsprogramme

Unternehmen müssen der Schulung ihrer Mitarbeiter zur Erkennung und Bekämpfung von Vorurteilen in KI-Ergebnissen Priorität einräumen. Diese menschliche Kontrollinstanz stellt sicher, dass die Mitarbeiter die Auswirkungen voreingenommener KI-Entscheidungen verstehen und bereit sind, bei Bedarf einzugreifen. Die Schulungen sollten sich darauf konzentrieren, die Teammitglieder über die Natur von KI-Voreingenommenheit, Methoden zu ihrer Identifizierung und Maßnahmen bei Verdacht auf Voreingenommenheit aufzuklären. Workshops, Fallstudien und interaktive Sitzungen können hierfür wirksame Instrumente sein. Durch die Schaffung einer Kultur der Achtsamkeit und Wachsamkeit ermöglichen Unternehmen ihren Mitarbeitern, als zusätzliche Kontrollinstanz gegen Voreingenommenheit zu fungieren und technologische Sicherheitsvorkehrungen durch menschliche Intuition und Urteilsvermögen zu ergänzen.

Kollaborative Ansätze zur Verringerung von Vorurteilen

Darüber hinaus bieten kollaborative Methoden innovative Lösungen zur Verringerung von Vorurteilen. Durch Partnerschaften mit akademischen Einrichtungen und Forschungsorganisationen können Unternehmen auf modernste Techniken zurückgreifen, die in wissenschaftlichen Einrichtungen entwickelt wurden. Beispielsweise können Wissenschaftler, die sich auf KI-Ethik und Fairness spezialisiert haben, gemeinsam mit Unternehmen Algorithmen entwickeln, die weniger anfällig für Vorurteile sind. Diese Partnerschaften können zu einem für beide Seiten vorteilhaften Austausch führen: Unternehmen erhalten Zugang zu spezialisiertem Fachwissen und neuartigen Lösungen, während Wissenschaftler praktische Einblicke und reale Anwendungsmöglichkeiten für ihre theoretischen Modelle erhalten. Solche Synergien können die Entwicklung robusterer, fairerer und ethischerer KI-Systeme beschleunigen.

Wichtigste Punkte

▶ Bei der Implementierung von KI sollte Transparenz stets an erster Stelle stehen, indem alle Beteiligten offen über die Integration, den Zweck und die potenziellen Einschränkungen informiert werden.

▶ Regelmäßige ethische Audits von KI-Systemen sind unerlässlich, um Fairness zu gewährleisten und potenzielle Verzerrungen aufzudecken, insbesondere in kritischen Bereichen wie der Personalbeschaffung und Beförderung.

▶ Fördere verschiedene Sichtweisen und halte die Kommunikation intern und extern offen, um versteckte Vorurteile zu erkennen und anzugehen.

▶ Die Effizienzgewinne durch KI müssen mit ethischen Überlegungen und Datenschutzbedenken abgeglichen werden, vor allem bei Überwachungsanwendungen.

▶ Um mit KI ganz vorne mit dabei zu sein, muss man ethische Herausforderungen proaktiv angehen – sie zu verstehen ist die Basis für eine verantwortungsvolle, KI-gestützte Transformation von Unternehmen.

10

Eine langfristige KI-Strategie für nachhaltiges Wachstum entwickeln

Mit einer langfristigen KI-Strategie für nachhaltiges Wachstum kannst du eine Vision entwickeln, die zu den Werten und Zielen deines Unternehmens passt. Wenn du darüber nachdenkst, KI in deine Unternehmensstruktur zu integrieren, solltest du dir bewusst sein, dass es dabei um mehr geht als nur um die Einführung modernster Technologie. Diese Transformation verändert die Arbeitsweise deines Unternehmens, verbessert die Effizienz und treibt Innovationen voran. Diese Integration geht über den Bereich der Technologieexperten hinaus und erfordert die Zustimmung aller Mitarbeiter des Unternehmens. Durch den Aufbau einer Kultur, in der KI in den täglichen Betrieb und die strategischen Ziele integriert ist, können Unternehmen ihr Potenzial voll ausschöpfen und sich in einem zunehmend wettbewerbsorientierten Markt von der Konkurrenz abheben. Um alle Mitarbeiter für diese Vision zu gewinnen, ist eine effektive Kommunikation auf allen Ebenen erforderlich. Außerdem muss ein Umfeld gefördert werden, in dem KI-Kenntnisse gefördert werden, damit jeder Mitarbeiter die Chancen erkennen kann, die KI für seine spezifische Position bietet.

In diesem Kapitel lernst du praktische Schritte und Beispiele aus der Praxis kennen, die zeigen, wie du KI effektiv in deine Unternehmensstruktur einbauen kannst. Der Fokus liegt dabei auf der Festlegung klarer KI-Ziele, die zu deinen Geschäftszielen passen und mit der Mission deines Unternehmens im Einklang stehen. Du bekommst Einblicke in die Festlegung messbarer Ziele mithilfe der SMART-Kriterien und erfährst, warum es so wichtig ist, diese Ziele mit den übergeordneten Geschäftszielen zu verknüpfen. Weitere wichtige Themen sind die Integration von KI in Leistungskennzahlen und die Aufrechterhaltung offener Kommunikationskanäle zwischen verschiedenen Abteilungen. Als Nächstes wirst du erfahren, wie wichtig es ist, Erfolge im Bereich KI zu feiern, um eine Kultur des Experimentierens und der Anpassung zu fördern. Das Kapitel hilft dir außerdem dabei, ein Umfeld zu schaffen, in dem sich die Mitarbeiter sicher im Umgang mit KI-Technologien fühlen, ohne Angst vor dem Verlust ihres Arbeitsplatzes zu haben, sodass KI zu einem Werkzeug für Wachstum und nicht nur zu einer technologischen Neuheit wird.

KI in die Unternehmenskultur und Strategie einbauen

Um KI in die Unternehmenskultur und die strategische Mission zu integrieren, braucht man einen gut durchdachten Plan, der KI als wichtigen Teil der Zukunft des Unternehmens sieht. Das fängt damit an, eine Vision für KI zu entwickeln, die zu den Werten und Geschäftszielen des Unternehmens passt. Führungskräfte müssen klar sagen, wie KI die Effizienz steigern, die Kundenerfahrung verbessern oder Innovationen vorantreiben kann. Sie sollten diese Vision auf allen Ebenen gut vermitteln und so eine einheitliche Richtung vorgeben, die zur Gesamtstrategie passt. Das hilft dabei, ein Umfeld zu schaffen, in dem KI mehr als nur eine technische Verbesserung ist, sondern einen grundlegenden Wandel hin zu intelligenteren Systemen darstellt.

Eine Vision für KI entwickeln

Eine KI-Vision zu entwickeln, ist mehr als nur großartige PowerPoint-Folien mit Robotern, die High-Fives mit Menschen machen (obwohl wir das alle schon mal gesehen haben, oder?). Du brauchst eine Geschichte, die zeigt, wie KI die Mission deines Unternehmens stärkt. Stell dir das wie eine Netflix-Serie für dein Unternehmen vor: Alle, von den Führungskräften bis hin zum Praktikanten, der noch nicht weiß, wie die Kaffeemaschine funktioniert, sollten die Handlung verstehen. Konsistente Kommunikation ist dabei das A und O. Regelmäßige Updates, Newsletter, die auch wirklich gelesen werden (ein Wunder!), oder Town-Hall-Meetings, bei denen *Fragen* gestellt werden dürfen, sorgen dafür, dass es nicht zu peinlicher Stille kommt und zeigen, wie KI-Fortschritte bringen. Wenn die Mitarbeiter ihre tägliche Arbeit und das Gesamtbild der KI verstehen, sind sie eher bereit, sich einzubringen – oder zumindest nicht mehr unter ihrem Schreibtisch zu verstecken, wenn in einer Besprechung das Wort „digitale Transformation" fällt.

Die strategische Gestaltung von KI-Initiativen ist wichtig, um die Zustimmung des Teams zu gewinnen. Führungskräfte sollten KI-Projekte nicht als isolierte technologische Implementierungen präsentieren, sondern als integralen Bestandteil des Wettbewerbsvorteils des Unternehmens. Bedenke Folgendes: Wenn du KI-gestützte Kundenservice-Tools einführst, stelle sie in den Kontext des Engagements des Unternehmens für Kundenzufriedenheit und Innovation. Diese strategische Positionierung hilft den Mitarbeitern zu verstehen, wie KI direkt zur Marktführerschaft und zu den Wachstumszielen des Unternehmens beiträgt.

„Führungskräfte sollten KI-Projekte nicht als isolierte technische Sachen zeigen, sondern als Teil des Wettbewerbsvorteils der Organisation."

KI-Kenntnisse im ganzen Unternehmen fördern

Um eine Kultur zu schaffen, in der KI gut funktioniert, muss man auch die KI-Kenntnisse im ganzen Unternehmen verbessern. Alle sollten wissen, was KI ist, wie sie funktioniert und wie sie sich auf sie auswirkt. Das heißt nicht, dass jeder zum Datenwissenschaftler werden muss, aber es sollte genug Schulungen geben, damit alle das Potenzial von KI für Wachstum und Effizienz erkennen können. Workshops, Online-Kurse und Seminare sind super, um Teams über KI-Technologien zu informieren.

Die Unterstützung von Abteilungen bei der Entdeckung von KI-Anwendungen, die speziell auf ihren Bereich zugeschnitten sind, kann Innovation und Eigenverantwortung fördern und KI zu einer gemeinsamen Aufgabe machen, statt sie von oben zu implementieren. Um KI von einem abstrakten Konzept in ein praktisches Werkzeug zu verwandeln, sollten Unternehmen praktische Lernerfahrungen ermöglichen. Dazu könnten Hackathons gehören, bei denen Teams mit KI-Tools echte Geschäftsprobleme lösen, oder Innovationslabore, in denen Mitarbeiter in einer risikoarmen Umgebung mit KI-Anwendungen experimentieren können.

Durch diese praktischen Möglichkeiten helfen Unternehmen ihren Mitarbeitern, die Lücke zwischen theoretischem Verständnis und praktischer Anwendung zu schließen, was zu innovativeren Lösungen und mehr Vertrauen in die Arbeit mit KI-Technologien führt.

Erfolge im Bereich KI feiern

Um die Wirkung von Erfolgsgeschichten zu maximieren, sollten Unternehmen offizielle Kanäle für den Austausch von KI-Erfolgen einrichten. Dazu könnten spezielle Rubriken in Unternehmensnewslettern, regelmäßige „KI-Showcase"-Veranstaltungen oder eine interne Plattform gehören, auf der Teams ihre Erfahrungen mit der KI-Implementierung austauschen können. Diese Kanäle erfüllen mehrere Ziele: Sie liefern konkrete Beispiele für den Wert von KI, schaffen eine Wissensdatenbank für zukünftige Initiativen und tragen dazu bei, Impulse für eine breitere Einführung von KI im gesamten Unternehmen zu setzen. Führungskräfte sollten diese Erfolgsgeschichten auch bei der Personalbeschaffung und bei Einarbeitungsprozessen nutzen, um das Engagement des Unternehmens für Innovation und technologischen Fortschritt zu zeigen.

KI in Leistungskennzahlen einbauen

Bring KI in deine Leistungskennzahlen rein, indem du KI-Ziele in deine Bewertungen einbaust – zum Beispiel, wie gut Tools angenommen werden, Effizienzsteigerungen und KI-getriebene Innovationen. Schau dir zum Beispiel an, wie deine Vertriebsteams Prädiktive Analysen nutzen, um ihre Strategien zu optimieren. Es ist zwar wichtig, die KI-Leistung zu messen, aber es ist noch wichtiger, ein Umfeld zu schaffen, in dem sich die Mitarbeiter wohlfühlen, wenn sie sich mit KI beschäftigen. Sprich Bedenken bezüglich der Arbeitsplatzsicherheit offen an und biete Umschulungsmöglichkeiten an, um einen reibungslosen Übergang für die Belegschaft zu gewährleisten.

Messbare KI-Ziele setzen, die zu den Geschäftszielen passen

Mit der fortschreitenden Technologie setzen Unternehmen KI als wichtige Ressource für nachhaltiges Wachstum ein. Aber um KI in die Strategie eines Unternehmens zu integrieren, braucht es mehr als nur Begeisterung und Geld für neue Tools. Der Erfolg hängt von der genauen Festlegung von Zielen ab, die mit den übergeordneten Geschäftszielen des Unternehmens übereinstimmen – denn KI in der Organisation wie einen überdrehten Praktikanten ohne Richtung arbeiten zu lassen, ist wahrscheinlich nicht die beste Strategie. Die Festlegung dieser spezifischen, messbaren Ziele trägt dazu bei, dass KI-Initiativen die gesamte Organisation voranbringen und nicht isoliert existieren und in der Ecke des Serverraums digitalen Staub ansammeln.

KI-Ziele auf die Unternehmensziele abstimmen

Wenn man KI-Ziele mit den Unternehmenszielen auf eine Linie bringt, schafft man eine Basis – so wie wenn man sicherstellt, dass das Navi wirklich weiß, wo man hin will, anstatt einen auf eine malerische Route durch die Pampa zu schicken. Natürlich sollte jede KI-Initiative einem größeren Zweck im Unternehmen dienen und nicht nur in PowerPoint-Präsentationen gut aussehen. Nehmen wir zum Beispiel ein Einzelhandelsunternehmen, das die Kundenzufriedenheit verbessern will. Wenn sie KI-Ziele wie den Einsatz von Chatbots für personalisierte Einkaufsberatung mit diesem Ziel verbinden, schaffen sie ein besseres Kundenerlebnis und liefern überzeugende Argumente für die Zuweisung von Ressourcen – viel besser als „Wir brauchen das, weil unsere Konkurrenten es haben und wir uns ausgeschlossen fühlen!" Da KI-Projekte übergeordnete Unternehmensziele unterstützen, wird es deutlich einfacher, die Zustimmung der Interessenvertreter zu gewinnen – plötzlich fühlen sich Budgetbesprechungen weniger wie „Zähne ziehen" und mehr wie ein „freundliches Gespräch" an. Diese Ausrichtung wird zu einem Kompass, der die KI-Bemühungen abteilungsübergreifend lenkt und sie auf die Erreichung einheitlicher Ziele fokussiert.

SMART-Ziele für die KI-Implementierung festlegen

Um KI-Initiativen effektiv umzusetzen, ist es wichtig, SMART-Ziele zu definieren – also Ziele, die spezifisch, messbar, erreichbar, relevant und zeitgebunden sind. SMART-Ziele bringen Klarheit und Richtung in KI-Projekte, indem sie konkrete Benchmarks und Zeitpläne festlegen. Anstatt vage „die Effizienz der Datenverarbeitung verbessern" anzustreben, würde ein SMART-Ziel beispielsweise vorgeben, die Verarbeitungszeit innerhalb von sechs Monaten durch Machine-Learning-Algorithmen um 30 % zu reduzieren. Diese Präzision verwandelt abstrakte Ideen in umsetzbare Pläne, sodass Teams ihre Bemühungen gezielt ausrichten und den Erfolg objektiv messen können. Das Verständnis der erwarteten konkreten Ergebnisse und der mit den jeweiligen Aufgaben verbundenen Zeitpläne verbessert die Verantwortlichkeit.

Um die Umsetzung der SMART-Ziele zu verstärken, sollten Unternehmen detaillierte Aktionspläne entwickeln, die jedes Ziel in überschaubare Meilensteine unterteilen, zum Beispiel:

Ziel: Die Reaktionszeit im Kundenservice um 40 % innerhalb von 8 Monaten mit KI-gestützter Automatisierung zu verkürzen.

Meilensteine

▶ Monat 1–2: Daten sammeln und aktuelle Antwortmuster analysieren.
▶ Monat 3–4: AI-System aussuchen und erst mal einrichten.
▶ Monat 5–6: Testprogramm mit 20 % der Kundenanfragen.
▶ Monat 7–8: Voll einführen und optimieren.

Ziele zwischen Teams teilen

Kommunikation ist sehr wichtig, wenn es darum geht, KI in die Strategie eines Unternehmens zu integrieren. Sobald die Ziele festgelegt sind, müssen sie auf allen Ebenen des Unternehmens klar kommuniziert werden. Transparente Kommunikation sorgt für Bewusstsein und fördert die Zusammenarbeit zwischen verschiedenen Teams, um gemeinsame KI-Ziele zu erreichen. In funktionsübergreifenden Meetings, Newslettern oder Dashboards werden Fortschritte, Erfolge und Anpassungen geteilt. Nehmen wir zum Beispiel ein Finanzinstitut, das KI-gesteuerte Risikomanagement-Tools einführt: Regelmäßige Gespräche zwischen IT-Spezialisten, Risikomanagern und Führungskräften können sicherstellen, dass alle den Umfang und die Ergebnisse des Projekts verstehen, was eine reibungslosere Zusammenarbeit und robustere Ergebnisse ermöglicht.

Um die Zusammenarbeit zwischen den Abteilungen zu verbessern, sollten Unternehmen spezielle Kommunikationskanäle für KI-Projekte einrichten. Dazu gehören:

- Monatliche Treffen des KI-Lenkungsausschusses.
- Zweiwöchentliche Fortschrittsberichte zwischen den Abteilungen.
- Echtzeit-Projekt-Dashboards, die für alle Beteiligten zugänglich sind.
- egelmäßige Workshops zur KI-Implementierung.

Regelmäßige Überprüfung und Aktualisierung der Ziele

Technologie und Märkte ändern sich ständig (so wie dein Handy veraltet ist, sobald du es abbezahlt hast). Deshalb ist es wichtig, die Ziele regelmäßig zu überprüfen, damit sie relevant bleiben und die KI-Maßnahmen mehr bringen. Die Bedürfnisse der Organisation können sich ändern, neue Technologien können auftauchen oder externe Faktoren können sich schnell verändern, was eine Neubewertung der Ziele erforderlich macht. Regelmäßige Bewertungen ermöglichen Anpassungen und Verfeinerungen, sodass KI-Strategien das Unternehmenswachstum effektiv unterstützen und nicht wie die Mitgliedschaft im Fitnessstudio verstauben, die du dir geschworen hast, nie zu nutzen. Diese Anpassungsfähigkeit zeigt, dass du dich für die Erreichung der ursprünglichen Ziele einsetzt und proaktiv auf das Geschäftsumfeld reagierst (mit anderen Worten: „Alles ändert sich ständig, und wir müssen mithalten!"). Konkret könnte dies vierteljährliche Überprüfungen beinhalten, bei denen Teams den aktuellen Fortschritt anhand der festgelegten Ziele bewerten, Herausforderungen diskutieren und Strategien bei Bedarf anpassen.

Fallstudie E-Commerce

Wenn wir uns mit effektiven KI-Strategien beschäftigen, zeigen Beispiele aus der Praxis, wie diese Prinzipien erfolgreich angewendet werden können. Schauen wir uns mal ein E-Commerce-Unternehmen an, das seine Logistik mit KI optimieren will. Mit einem SMART-Ziel – die Lieferzeiten im nächsten Jahr um 20 % zu verkürzen – und der Ausrichtung auf das Ziel, die Kundenzufriedenheit zu verbessern, haben sie einen klaren Plan erstellt. Die Teams haben sich regelmäßig getroffen, um sich über den aktuellen Stand zu informieren und die Methoden anhand von Echtzeit-Feedback und Marktbedingungen anzupassen, was zu einer spürbaren Verbesserung der betrieblichen Effizienz und der Kundenerfahrung geführt hat. Dieses Beispiel zeigt, wie die Ausrichtung der Ziele auf die übergeordnete Geschäftsstrategie, ihre klare Definition, eine effektive Kommunikation und ein flexibler Ansatz gemeinsam zu erheblichen strategischen Vorteilen führen können.

„Natürlich sollte jede KI-Initiative einen größeren Zweck im Unternehmen erfüllen und nicht nur in PowerPoint-Präsentationen beeindruckend aussehen."

Regelmäßige Bewertung der Auswirkungen von KI und Anpassung der Strategien

Bei dem aktuellen Wachstum von KI reicht es nicht mehr, einfach nur KI-Technologien einzusetzen. Unternehmen müssen ihre KI-Strategien ständig überprüfen und anpassen, um sicherzugehen, dass sie langfristig zum Wachstum beitragen. Dieser fortlaufende Prozess hat mehrere wichtige Teile, auf die Manager achten sollten, um KI-Initiativen so effektiv wie möglich zu machen.

Festlegung von Leistungskennzahlen für KI

Lass uns zuerst über das Festlegen von Leistungskennzahlen reden. Leistungskennzahlen sind wichtig, weil sie Unternehmen eine klare Möglichkeit bieten, den Erfolg ihrer KI-Projekte zu messen. Bei der Festlegung von Leistungskennzahlen ist es wichtig, Messgrößen zu wählen, die sowohl mit den Gesamtzielen des Unternehmens als auch mit den spezifischen Zielen der KI-Initiative übereinstimmen. Wenn ein KI-System eingeführt wird, um den Kundenservice zu verbessern, könnten relevante Leistungskennzahlen Kundenzufriedenheitswerte, kürzere Reaktionszeiten oder eine höhere Problemlösungsquote sein. Diese Indikatoren helfen dabei, zu verfolgen, ob das KI-Projekt die gewünschten Ergebnisse erzielt, und liefern datengestützte Erkenntnisse über Bereiche, in denen Verbesserungen nötig sind.

Regelmäßige KI-Audits durchführen

Sobald Leistungskennzahlen festgelegt sind, werden regelmäßige KI-Audits zu einer grundlegenden Praxis. Audits sind umfassende Überprüfungen von KI-Systemen, bei denen überprüft wird, ob diese Tools wie erwartet funktionieren und einen Mehrwert liefern. Die Häufigkeit dieser Audits kann je nach Komplexität und Kritikalität der KI-Anwendung variieren, aber durch ihre regelmäßige Durchführung kann die Technologie auch unter neuen Bedingungen oder nach Updates weiterhin gut funktionieren. Ein Audit kann zeigen, dass die Genauigkeit eines KI-Modells mit der Zeit abnimmt, weil sich externe Daten oder interne Prozesse ändern. Wenn solche Probleme früh erkannt werden, können Unternehmen sie schnell beheben und hohe Leistungsstandards aufrechterhalten.

Feedback von Teams und Stakeholdern einholen

Neben Audits ist es wichtig, Feedback von Teams und Stakeholdern einzuholen, um die Auswirkungen von KI-Strategien besser zu verstehen. Teams, die eng mit KI-Technologien arbeiten, haben oft einen guten Einblick in deren praktischen Nutzen und die Herausforderungen im Betrieb. Durch Umfragen, Interviews oder Feedback-Runden mit diesen Teams kann man herausfinden, wie KI-Initiativen den täglichen Betrieb, die Arbeitsmoral und die Produktivität beeinflussen. Ebenso können Unternehmen durch das Feedback von Stakeholdern die allgemeine Zufriedenheit und die Übereinstimmung mit den Geschäftszielen messen. Beispielsweise können Marketingabteilungen, die KI-gestützte Analysetools einsetzen, Feedback dazu geben, wie effektiv die Technologie die Kampagnenziele unterstützt, und so Perspektiven aufzeigen, die über quantitative Kennzahlen hinausgehen.

Strategien anhand von Erkenntnissen anpassen

Mit Leistungskennzahlen-Daten, Audit-Ergebnissen und Feedback von allen, die mitreden wollen, können Unternehmen ihre Strategien auf Basis der gewonnenen Erkenntnisse anpassen. Diese Flexibilität ist wichtig, um weiter zu wachsen und wettbewerbsfähig zu bleiben. Ein effektiver Anpassungsprozess umfasst die objektive Analyse der gesammelten Daten und strategische Entscheidungen über zukünftige Maßnahmen. Wenn beispielsweise Leistungskennzahlen auf eine sinkende Effizienz eines KI-gestützten Logistiktools hinweisen, könnte ein Unternehmen beschließen, die zugrunde liegenden ML-Modelle mit aktualisierten Datensätzen neu zu trainieren oder sogar alternative Lösungen zu prüfen. In einigen Fällen kann die Anpassung von Strategien auch die Umverteilung von Ressourcen oder die Neubewertung von Prioritäten bedeuten, um sich besser an veränderte Marktanforderungen oder technologische Fortschritte anzupassen.

Unternehmen sollten ihre KI-Strategie flexibel halten und dabei berücksichtigen, dass sich die Technologielandschaft schnell verändert. Eine Strategie, die letztes Jahr funktioniert hat, passt vielleicht nicht mehr in die heutige Situation. Durch die Förderung einer Kultur, die Innovation und Agilität unterstützt, können Unternehmen leichter mit neuen KI-Anwendungen experimentieren und bestehende weiterentwickeln. Dieser iterative Ansatz fördert die kontinuierliche Verbesserung, hilft Stagnation zu vermeiden und hält das Unternehmen widerstandsfähig gegenüber Störungen.

Um diese Praktiken effektiv umzusetzen, ist die Unterstützung der Führungskräfte absolut unerlässlich. Führungskräfte müssen die Bedeutung von Bewertung und Anpassung als integralen Bestandteil der KI-Reise hervorheben. Die Förderung von Transparenz und offener Kommunikation innerhalb des Teams schafft ein Umfeld, in dem Ideen und Erkenntnisse frei über verschiedene Ebenen und Funktionen hinweg fließen können. Manager sind hier wichtig, um den Ton für eine Wachstumsmentalität anzugeben und die Botschaft zu vermitteln, dass sowohl aus Erfolgen als auch aus Misserfolgen gelernt werden kann, um Fortschritte zu erzielen.

Wichtigste Punkte

▶ Entwickle eine klare KI-Vision, die zu den wichtigsten Zielen und Werten deines Unternehmens passt, und sorge dafür, dass alle mitziehen, von der Führungsetage bis zu den neuen Mitarbeitern.

▶ Fördere KI-Kenntnisse durch ständige Lerninitiativen und mach KI von einem einschüchternden Tool zu einer Chance für Innovation und Wachstum.

▶ Integrier KI-Kennzahlen in Leistungsbewertungen und feier erfolgreiche Implementierungen, um die Akzeptanz zu fördern und KI als Teil des täglichen Betriebs zu etablieren.

▶ Halte die Leute über KI-Initiativen und Fortschritte auf dem Laufenden, damit alle auf dem gleichen Stand sind und sich für die KI-Transformation des Unternehmens engagieren.

▶ Leg konkrete, messbare KI-Ziele fest, die sowohl für einzelne Rollen als auch für die gesamte Geschäftsstrategie einen greifbaren Mehrwert bieten.

KAPITEL
11

Deine Führungsrolle zukunftssicher machen – dich auf das vorbereiten, was kommt

Um erfolgreich zu führen, muss man mit dem technologischen Fortschritt Schritt halten, vor allem mit der zunehmenden Präsenz von KI. KI verändert die Arbeitsweise von Führungskräften und bringt sowohl Chancen als auch Herausforderungen mit sich. Um erfolgreich zu sein, müssen Führungskräfte die Technologie verstehen und ihre Methoden für die Teamführung und Entscheidungsfindung anpassen. Führungskräfte, die neue Fähigkeiten wie Datenkompetenz und emotionale Intelligenz entwickeln, können KI in ihre Strategien integrieren.

Diese Kompetenzen helfen dabei, fundierte Entscheidungen zu treffen und den menschlichen Aspekt der Führung als Priorität zu behalten, auch wenn KI immer mehr operative Aufgaben übernimmt. Dieses Kapitel behandelt die wichtigsten Elemente, die Führungskräfte benötigen, um sich an eine KI-gesteuerte Zukunft anzupassen. Du lernst, wie du Datenkompetenz entwickeln kannst, um die riesigen Mengen an Informationen zu verstehen, die von KI-Tools generiert werden. Wir diskutieren, wie emotionale Intelligenz die Moral und den Zusammenhalt im Team stärkt, wenn KI-Technologien Teil unserer täglichen Prozesse werden.

Außerdem schauen wir uns die ethischen Überlegungen rund um die Einführung von KI an und betonen, wie wichtig Transparenz und Fairness sind. Beispiele aus der Praxis und praktische Einblicke zeigen, wie KI strategische Vorteile schaffen kann, zum Beispiel durch die Verbesserung der Teamleistung und die Personalisierung von Kundenerlebnissen. Mit kontinuierlichem Lernen und Anpassungsfähigkeit als Grundlage ist dieses Kapitel ein Leitfaden für Führungskräfte, die bereit sind, KI zu nutzen und sich gleichzeitig auf zukünftige Veränderungen vorzubereiten.

Vorausschauende Betrachtung zukünftiger Rollen der KI in Führungspositionen

Mit dem Aufkommen von KI-Technologien ändern sich moderne traditionelle Führungsrollen schnell und drastisch. Als Führungskräfte müssen wir verstehen, wie KI diese Rollen verändert, und uns auf diesen Wandel vorbereiten. Fang damit an, Datenkompetenz aufzubauen.

> „Datenkompetenz hilft Führungskräften, fundierte Entscheidungen zu treffen, die auf Erkenntnissen aus der KI basieren."

Es geht darum, die Sprache der Daten – also Statistiken, Grafiken und Trends – zu verstehen und zu wissen, was sie für dein Unternehmen bedeuten. Das kann anfangs etwas einschüchternd sein, vor allem wenn man keinen technischen Hintergrund hat, aber sieh es einfach als eine neue Fähigkeit, die du dir aneignest. Genauso wie du gelernt hast, Finanzberichte zu lesen, kannst du durch den sicheren Umgang mit Daten die Möglichkeiten der KI effektiv nutzen.

Zukünftige Fähigkeiten

Nimm mal einen Projektmanager in einer mittelgroßen Firma. Mit Datenkompetenz kann er riesige Mengen an Infos analysieren, um wichtige Erkenntnisse über Markttrends oder Kundenwünsche zu gewinnen. Dieses Wissen hilft ihm, Strategien schnell und effizient anzupassen und sein Team mit der Sicherheit von datengestützten Fakten zu führen. Es gibt jede Menge Online-Ressourcen und Workshops, die speziell auf nicht-technische Führungskräfte zugeschnitten sind, die ihre Datenkompetenzen erweitern wollen.

Die Teilnahme an solchen Weiterbildungsangeboten kann der erste Schritt sein, um KI reibungslos in Führungsaufgaben zu integrieren. Als Nächstes solltest du emotionale Intelligenz verstehen, die in einer KI-integrierten Umgebung an Bedeutung gewinnt. Emotionale Intelligenz hilft dabei, Emotionen im Umgang mit anderen zu verstehen, zu nutzen und effektiv zu steuern. Da KI einige operative Aufgaben übernimmt, werden menschliche Fähigkeiten wie Empathie und Kommunikation noch wichtiger.

Führungskräfte müssen die Moral und den Zusammenhalt des Teams inmitten der durch die Einführung von KI verursachten Veränderungen aufrechterhalten. KI funktioniert wie ein weiteres Teammitglied, das Effizienz bringt, aber kein emotionales Verständnis hat. Die Rolle einer Führungskraft verlagert sich dann mehr hin zu einer verbindenden Kraft, die die menschlichen Elemente des Teams zusammenhält und sicherstellt, dass sich alle trotz technologischer Umbrüche wertgeschätzt und gehört fühlen.

Wenn ein Unternehmen KI-Tools zur Optimierung der Abläufe einführt, kann es zu Widerstand oder Ängsten unter den Teammitgliedern kommen, die um ihren Arbeitsplatz oder drastische Veränderungen ihrer Aufgaben fürchten. Hier würde eine Führungskraft mit hoher emotionaler Intelligenz offen auf diese Bedenken eingehen, Diskussionen anregen und beruhigende Signale senden. Sie könnte Teambuilding-Maßnahmen organisieren oder Foren für Meinungsäußerungen einrichten, um während der Übergangsphase eine gesunde, integrative Atmosphäre zu fördern. Solche Bemühungen stärken das Vertrauen und die Zusammenarbeit, die für jedes erfolgreiche Team, das Veränderungen bewältigt, unerlässlich sind.

KI als Teamplayer

Schließlich eröffnet der Einsatz von KI für tiefere Einblicke in die Teamleistung neue Wege für strategische Entscheidungen. KI bietet Führungskräften Echtzeit-Analysen und Feedback-Schleifen, die vorher undenkbar waren. Durch die Untersuchung von Mustern in Bezug auf Produktivität, Engagement und Ergebnisse können Führungskräfte Anpassungen vornehmen, die mit den Unternehmenszielen übereinstimmen und gleichzeitig die Stärken und Schwächen ihres Teams berücksichtigen. Stell dir vor, du hast ein KI-System, das die Leistung verfolgt, Verbesserungsmöglichkeiten vorschlägt oder Erfolge hervorhebt, die es wert sind, gefeiert zu werden. Das spart Zeit und bietet einen umfassenden Überblick darüber, wie gut jeder Bereich des Unternehmens funktioniert.

Nehmen wir zum Beispiel einen Teamleiter in einer Vertriebsabteilung, der mithilfe von KI-Analysen ermittelt, welche Vertriebsansätze in verschiedenen Jahreszeiten am effektivsten sind. Auf der Grundlage dieser Erkenntnisse kann er Strategien verfeinern oder gezielte Schulungen anbieten, wodurch die Gesamtleistung des Teams verbessert und der Umsatz gesteigert wird. KI kann Führungskräften dabei helfen, Motivationsstrategien zu personalisieren, indem sie versteht, was jedes Teammitglied antreibt, wodurch die Führung nachvollziehbarer und wirkungsvoller wird.

Identifizierung neuer KI-Trends, die für Führungskräfte wichtig sind

Im sich ständig verändernden Bereich der KI müssen Führungskräfte immer auf dem Laufenden bleiben und wissen, welche neuen KI-Entwicklungen ihre Arbeit und ihre Entscheidungen beeinflussen. Es ist wichtig, dass sie sich mit Prädiktive Analysen auskennen, weil sie damit Marktveränderungen besser einschätzen und ihre Vorgehensweisen strategisch anpassen können. Diese Analysen liefern wertvolle Erkenntnisse aus alten Daten, mit denen Führungskräfte Trends vorhersagen, mögliche Risiken bewerten und zukünftige Strategien entwickeln können.

Führungskräfte im Einzelhandel, die Prädiktive Analysen nutzen, können das Kaufverhalten der Verbraucher besser vorhersagen, wodurch sie die Bestandsverwaltung optimieren und die Kundenzufriedenheit verbessern können. Außerdem verbessern KI-Tools die betriebliche Effizienz und unterstützen Führungskräfte dabei, fundiertere Entscheidungen zu treffen.

Durch die Automatisierung von Routineaufgaben und die Optimierung von Prozessen sparen diese Tools wertvolle Zeit und Ressourcen. So können sich Führungskräfte auf strategische Initiativen und die Lösung von Problemen konzentrieren. Ein Beispiel dafür ist ein Gesundheitsunternehmen, das KI-gesteuerte Planungssysteme einsetzt, um die Personalzuweisung zu optimieren und die Patientenversorgung zeitnah und effektiv zu gestalten. Führungskräfte, die solche Technologien nutzen, sehen messbare Verbesserungen bei der Produktivität und Servicequalität.

Wenn Unternehmen mit den Möglichkeiten der KI-Schritt halten, verschaffen sie sich einen erheblichen Wettbewerbsvorteil. Die Geschäftswelt ist schnelllebig und wettbewerbsintensiv, und wer die neuesten KI-Technologien nutzt, ist im Vorteil. Ein Logistikunternehmen, das KI-Algorithmen zur Optimierung der Lieferrouten einsetzt, kann beispielsweise seine Kraftstoffkosten deutlich senken und die Lieferzeiten im Vergleich zu seinen Mitbewerbern verbessern. Führungskräfte, die Wert darauflegen, bei KI-Entwicklungen auf dem Laufenden zu bleiben, sind daher besser gerüstet, um innovativ zu sein und ihre Konkurrenten zu übertreffen.

KI-gesteuerte Personalisierung

Die Einführung von KI-Personalisierung bringt Unternehmensstrategien auf eine Linie mit den Bedürfnissen der Kunden. Mit Personalisierungstools können Chefs Produkte und Dienstleistungen auf die individuellen Vorlieben der Kunden abstimmen, was zu stärkeren Kundenbeziehungen und mehr Loyalität führt. Im E-Commerce empfehlen KI-gesteuerte Personalisierungs-Engines Produkte basierend auf dem Browserverlauf und früheren Käufen, was das Einkaufserlebnis verbessert und den Umsatz steigert. Chefs, die diese Anwendungen nutzen, können erhebliche Gewinne bei der Kundenbindung und beim Umsatz erzielen.

Um diese technologischen Fortschritte zu managen, sollten Führungskräfte offen für kontinuierliches Lernen und Anpassung sein. Angesichts der rasanten Entwicklung der KI ist kontinuierliche Weiterbildung ein wichtiger Vorteil. Dieses Engagement für das Lernen baut ihr technisches Verständnis auf und erhöht ihre Fähigkeit, Teams sicher durch technologische Veränderungen zu führen. Fallbeispiele belegen die konkreten Vorteile des Einsatzes von KI in Führungspositionen. Nehmen wir zum Beispiel ein Finanzinstitut, das KI in seine Risikobewertungsprozesse integriert. Mithilfe ausgefeilter Modelle des maschinellen Lernens kann dieses Institut riesige Datenmengen analysieren, um potenzielle betrügerische Aktivitäten oder Kreditrisiken zu erkennen, seine Vermögenswerte zu schützen und die Einhaltung gesetzlicher Vorschriften zu gewährleisten. Führungskräfte, die solche Initiativen leiten, zeigen Weitsicht und einen proaktiven Ansatz beim Einsatz von Technologie zum Schutz und zur Erweiterung der Interessen des Unternehmens.

Ethischer Einsatz von KI

Der Umgang mit KI-Fortschritten erfordert auch, dass man sich Gedanken über ethische Fragen und mögliche Vorurteile in KI-Systemen macht. Führungskräfte müssen sicherstellen, dass die Nutzung von KI ethischen Standards entspricht und Fairness und Transparenz fördert. Dazu gehört, Algorithmen kritisch auf Vorurteile zu prüfen, Inklusion zu unterstützen und die Verantwortung für KI-gesteuerte Ergebnisse zu übernehmen. Maßnahmen wie die Einrichtung eines Ethikausschusses oder die Ernennung einer Leiter der Ethikabteilung können Unternehmen dabei helfen, verantwortungsvolle KI-Entscheidungen zu treffen. Führungskräfte sollten auch die funktionsübergreifende Zusammenarbeit innerhalb ihrer Unternehmen fördern, um die Wirkung von KI zu steigern. Durch die Zusammenführung unterschiedlicher Teams – wie IT-Spezialisten, Datenwissenschaftler und Geschäftsstrategen – schaffen Führungskräfte ein Umfeld, in dem innovative KI-Lösungen entstehen können. Solche gemeinsamen Anstrengungen führen oft zu umfassenderen und effektiveren KI-Implementierungen, die die Unternehmensziele unterstützen.

Führungskräfte müssen eine Unternehmenskultur schaffen, die Veränderungen und Experimente mit KI-Technologien akzeptiert. Sie können diese Denkweise fördern, indem sie Erfolge feiern, Wissen teilen und Teammitglieder motivieren, kreative Wege für den Einsatz von KI zu erkunden. Wenn Teammitglieder sich sicher genug fühlen, um zu experimentieren und ihre Erkenntnisse zu teilen, profitiert das Unternehmen von kollektiver Intelligenz und Innovation.

Automatisierungstrends

Die Automatisierung in Unternehmen ist ein großer Schritt und verändert, wie alles läuft. Chefs müssen genau wissen, welche Aufgaben automatisiert werden können, ohne dass die Qualität oder die Motivation der Leute darunter leiden. Im Kundenservice ist es zum Beispiel eine gute Idee, Chatbots für einfache Fragen einzusetzen und die komplexen Sachen den Mitarbeitern zu überlassen.

> „Der entscheidende Faktor für eine erfolgreiche Automatisierung ist die Balance zwischen menschlicher Kreativität und automatisierter Effizienz."

Führungskräfte sollten sich überlegen, welche Aufgaben immer wieder vorkommen und viel Zeit kosten, die Maschinen besser machen können, und gleichzeitig die Aufgaben behalten und fördern, die menschliches Urteilsvermögen, emotionale Intelligenz und kreative Problemlösungen brauchen. So wird der Arbeitsablauf besser und die Mitarbeiter können sich auf wichtigere Sachen konzentrieren, die Innovation und Kundenzufriedenheit bringen.

Der Erfolg von Führungskräften hängt davon ab, ob sie die Bedenken der Belegschaft hinsichtlich der Automatisierung vorhersehen und darauf reagieren können. Das Aufspüren von Automatisierungsmöglichkeiten und deren potenziellen Auswirkungen auf Rollen und Verantwortlichkeiten hilft Führungskräften dabei, umfassende Übergangspläne zu entwickeln, die Umschulungs- und Weiterbildungsmaßnahmen umfassen. Diese proaktive Methode trägt dazu bei, Widerstände abzubauen und die Belegschaft in einem zunehmend automatisierten Geschäftsumfeld anpassungsfähig und wettbewerbsfähig zu halten.

Eine Wachstumsmentalität entwickeln, um die KI-Entwicklung anzunehmen

In der modernen Technologie ist der Grundstein für effektive Führung der Aufbau einer Kultur des Lernens und der Belastbarkeit. Dieser Ansatz ist für Führungskräfte und ihre Teams unerlässlich, um die Fortschritte im Bereich der KI zu meistern. Der Aufbau einer solchen Kultur beginnt bei den Führungskräften selbst, die Lernverhalten vorleben und die Bedeutung von Anpassungsfähigkeit und Offenheit gegenüber neuen Informationen demonstrieren müssen.

Führungskräfte sollten lebenslanges Lernen begrüßen, indem sie aktiv nach neuen Kenntnissen und Fähigkeiten im Zusammenhang mit KI-Entwicklungen suchen. Das kann das Lesen von Branchenberichten, die Teilnahme an Workshops oder Online-Kursen sein. So zeigen Führungskräfte ihren Teams, dass kontinuierliches Lernen zum Erfolg führt. Es zeigt, dass die Anpassung an Veränderungen Unternehmen stärker macht. Führungskräfte können an Workshops teilnehmen,

Konferenzen besuchen, KI-spezifische Publikationen (wie Nachrichten, Blogs oder Podcasts) verfolgen oder Online-Kurse zu KI-Themen belegen.

Schulungsprogramme sind ein weiterer wichtiger Bestandteil. Diese Programme helfen Teams dabei, eine ähnliche Denkweise in Bezug auf KI zu entwickeln, und schaffen ein Umfeld, in dem die Teammitglieder bereit sind, neue Herausforderungen anzugehen. Ob durch formelle Schulungen oder informelle Lunch-and-Learn-Veranstaltungen – diese Initiativen tragen dazu bei, KI-Konzepte und -Technologien zu entmystifizieren. Sie vermitteln praktische Erkenntnisse, die die Mitarbeiter in die Lage versetzen, KI-Tools effektiv zu nutzen und so Innovation und Effizienz im gesamten Unternehmen voranzutreiben.

Ein Umfeld schaffen, in dem man ruhig mal Fehler machen darf

Außerdem müssen Chefs ein Umfeld schaffen, in dem Teams sich trauen, mit KI-Tools rumzuspielen. Eine gute Idee ist, sichere Räume für Experimente zu schaffen, wo man ohne Angst vor Fehlern probieren kann. Wenn man experimentelles Denken fördert, können Leute neue Technologien ausprobieren und aus Fehlern lernen. Google hat zum Beispiel die bekannte „20 %-Regel" eingeführt, nach der Mitarbeiter einen Teil ihrer Arbeitszeit für neue Ideen nutzen können – ein Prinzip, das zu innovativen Produkten wie Gmail geführt hat. Dieser Ansatz fördert nicht nur die Kreativität, sondern stärkt auch das Vertrauen in den Einsatz von KI-Lösungen.

Bei der erfolgreichen Implementierung von KI geht es nicht nur darum, alles richtig zu machen, sondern auch darum, aus Fehlern zu lernen.

Durch die Untersuchung erfolgloser KI-Anwendungen und den offenen Austausch dieser Erfahrungen können Unternehmen eine Wissensbasis aufbauen, die ähnliche Fehltritte verhindert und den zukünftigen Erfolg beschleunigt.

„Führungskräfte sollten sowohl Durchbrüche als auch wertvolle Misserfolge aktiv feiern und eine Kultur fördern, in der Rückschläge als Chancen für Innovationen gesehen werden."

Resilienz aufbauen

Um widerstandsfähig zu sein, muss man mit Unsicherheiten umgehen können, vor allem weil KI sich ständig weiterentwickelt und neue Herausforderungen mit sich bringt. Mit Notfallplänen und vorausschauendem Denken können Teams potenzielle Risiken bei der Einführung von KI besser abfedern. So bleiben Unternehmen flexibel und können schnell auf Veränderungen reagieren.

Um die Stärke des Unternehmens zu stärken, sollten Führungskräfte strukturierte Schulungsprogramme erstellen, die sich mit KI-bezogenen Veränderungen befassen. Diese Programme sollten Wege aufzeigen, wie mit technologischen Veränderungen umgegangen werden kann, und emotionale Intelligenz für Veränderungen am Arbeitsplatz entwickeln. Regelmäßige Diskussionen über erfolgreiches Veränderungsmanagement liefern nützliche Erkenntnisse darüber, was funktioniert. Durch die Aufzeichnung und Auswertung dieser Erfahrungen können Führungskräfte Leitfäden für das Management zukünftiger KI-bedingter Veränderungen erstellen und gleichzeitig die Teams zusammenhalten und produktiv arbeiten lassen.

Wichtigste Punkte

▶ Führungskräfte müssen kontinuierliches Wachstum und Anpassungsfähigkeit in den Vordergrund stellen, um sich in der sich ständig verändernden KI-Landschaft effektiv zurechtzufinden.

▶ Die Kombination von Datenkompetenz und emotionaler Intelligenz ist super wichtig, um fundierte Entscheidungen zu treffen und gleichzeitig gute Beziehungen im Team zu pflegen.

▶ Regelmäßiges Checken neuer KI-Trends und ihrer ethischen Auswirkungen ist super wichtig für eine nachhaltige Führung im digitalen Zeitalter.

▶ Eine Kultur des Lernens, Experimentierens und der Offenheit hilft Unternehmen, bei der Einführung von KI wettbewerbsfähig und innovativ zu bleiben.

▶ Damit KI richtig funktioniert, muss man sie als Tool zum Zusammenarbeiten sehen und nicht als Ersatz. So wird sie zu einem wichtigen Teil des modernen Führungs-Toolkits.

FAZIT

Weißt du noch, als es cool war, eine Firmen-E-Mail-Adresse zu haben? Dann schnall dich an, denn KI ist nicht nur ein weiterer Tech-Trend, den du in deinen LinkedIn-Skills angeben kannst – sie ist der Treibstoff, der die nächste Generation von Führungskräften antreibt. Und glaub mir, du willst nicht der Chef sein, der noch Faxe verschickt, während deine Konkurrenten KI-gesteuerte Imperien leiten.

Betrachte dieses Buch als deine Backstage-Pässe für die größte Tech-Show der Welt. Wir sind über den üblichen Hype „KI wird alles verändern" hinausgegangen und geben dir die tatsächlichen Schlüssel zum Königreich. Kapitel 4 hatte zum Ziel, die Flut von Tabellenkalkulationen in dein persönliches Entscheidungsinstrument zu verwandeln.

Das Spannende daran: Du gehörst jetzt zu einem elitären Club von Führungskräften, die KI nicht nur verstehen, sondern auch einsetzen können. Ob du dein Team in Produktivitätsmaschinen verwandeln oder KI zu deinem strategischen Planungspartner machen willst – hier findest du den Plan für deinen Erfolg.

Dieses Buch hat dir einen Plan zum Verständnis und zur Implementierung von KI in deinem Unternehmen an die Hand gegeben. Wir haben Beispiele aus der Praxis diskutiert und Schritt-für-Schritt-Anleitungen gegeben, die dir helfen, potenzielle Herausforderungen zu meistern. Aber hier ist die entscheidende Frage:

„Wirst du der Chef sein, der dieses Buch abtut und es in sein „interessante Lektüre"-Regal stellt, oder derjenige, der KI von Anfang an als Geheimwaffe einsetzt?"

Wissen zu haben, ohne es anzuwenden, ist wie einen Ferrari in der Garage zu haben, ohne ihn jemals zu fahren – es mag beeindruckend sein, aber letztendlich ist es bedeutungslos.

Überleg dir, ob du in deinem Unternehmen eine KI-Taskforce gründen solltest – ein engagiertes Team, das sich auf die Erforschung und Implementierung von KI-Technologien konzentriert. Fördern offene Diskussionen über KI-Innovationen, tauscht Erfahrungen mit Kollegen aus und zögert nicht, kleine Projekte zu starten. Diese ersten Experimente können zu erheblichen Veränderungen in deiner betrieblichen Effizienz und strategischen Effektivität führen.

Reden wir über die Angst vor dem Scheitern – du weißt schon, diese nervige Stimme in deinem Kopf, die verdächtig nach deinem ersten Chef klingt. Selbst die ausgefeiltesten KI-Systeme haben ihre „Hoppla"-Momente. Der Punkt ist: Wenn KI ihre peinlichen Momente überstehen und weiter lernen kann, dann können wir Normalsterblichen das auch. Stell dir deine KI-Reise wie das Fahrradfahrenlernen vor. Du wirst wackeln, vielleicht ein paar lustige Umwege machen, und ja, dein Team wird vielleicht einige spektakuläre „Lernmöglichkeiten" erleben. Aber diese Geschichten sind das beste Material für zukünftige Führungsgespräche! Außerdem sind ein paar peinliche KI-Momente besser, als eine Führungskraft zu sein, die immer noch denkt, dass „die Cloud" etwas ist, das Regen macht.

Also nimm die Stolpersteine an – sie sind der Beweis, dass du vorankommst, auch wenn es vielleicht ein bisschen im Zickzack ist. Der Weg vor dir ist voller Möglichkeiten. KI bietet ein Toolkit, um einige der dringendsten Herausforderungen zu meistern, denen Unternehmen heute gegenüberstehen. Du musst bewusst und überlegt vorgehen. Nutze dieses Buch als Grundlage für weitere Erkundungen und die Umsetzung. Teilt euer neu erworbenes Wissen mit Kollegen, arbeitet mit anderen in eurer Branche zusammen und bringt euch in eine Community von zukunftsorientierten Führungskräften ein, die sich mit KI auskennen.

Denk darüber nach, welche Auswirkungen KI auf eure Führungsstrategie haben wird. Betrachte sie als Teil eines sich entwickelnden Ökosystems, das kontinuierliche Anpassung und die Bereitschaft zur Übernahme neuer Methoden erfordert. Strebe danach, an der Spitze zu bleiben, nicht nur um der Neuheit willen, sondern um echte Verbesserungen und langfristigen Erfolg zu erzielen.

Wir hoffen sehr, dass du ab jetzt eine veränderte Führungskraft bist, wenn es um das Verständnis von KI geht. Du kannst jetzt Marktveränderungen vorhersagen und dadurch bessere Entscheidungen treffen. Mach dich bereit, deine Führungsqualitäten zu verändern. Nach der Lektüre dieses Buches wirst du ein herausragender Leader sein – ein echter Leader 2.0.

Zusammenfassend lässt sich sagen, dass der Erfolg in einer KI-gestützten Umgebung von deiner Fähigkeit abhängt, technisches Verständnis mit strategischer Weitsicht zu verbinden. Geh weiter an deine Grenzen, bleib offen für Veränderungen und sieh KI nicht nur als Werkzeug, sondern als Katalysator, um dein volles Potenzial als Führungskraft zu entfalten. Lass dich auf deinem Weg von Neugier und Mut leiten – und denk daran: Deine Reise mit KI hat gerade erst begonnen.

War dieses Buch hilfreich für dich?
Ich würde mich über dein Feedback freuen!

Dein Feedback ist sehr wichtig – nicht nur für mich als neuer Autor, sondern auch für andere Führungskräfte und Profis, die das Potenzial von KI in ihrer Arbeit ausschöpfen wollen.

Wenn dir dieses Buch ein Training (für Modelle), Einblicke, Inspiration oder praktische Strategien gebracht hat, würdest du dir bitte **2 Minuten** Zeit nehmen, um deine Meinung zu sagen? Deine Bewertung hilft mir, noch bessere Ressourcen für dich zu erstellen und anderen diesen wertvollen Leitfaden näherzubringen.

Ob kurze Notiz oder ausführliche Antwort – jedes Feedback zählt und wird sehr geschätzt.

Scanne den QR-Code unten, um deine Bewertung abzugeben.

Vielen Dank, dass du uns auf dieser Reise unterstützt und Teil einer zukunftsorientierten Gemeinschaft von Führungskräften bist!

DER AUTOR

Narciso Silva ist Produktstratege und Innovationsberater mit über zwei Jahrzehnten Erfahrung in der Unterstützung von Fortune-500-Unternehmen bei der Einführung von KI und der digitalen Transformation. Als Führungskraft bei der Boston Consulting Group (BCG) und zuvor bei Accenture hat Narciso die Einführung digitaler Produkte in führenden Unternehmen vorangetrieben und damit neue Maßstäbe in Sachen Effizienz, Produktivität und Innovation gesetzt.

Zu seinen Erfahrungen gehört auch die Leitung von Innovationsteams im Finanzdienstleistungsbereich für einige der größten Finanzinstitute in den USA, wo er KI-Lösungen einsetzte, um komplexe, reale Herausforderungen zu bewältigen.

Mit einem MBA aus Brasilien und einem M.Sc. der NYU verbindet Narciso fundierte Geschäftsstrategien mit technischem Know-how.

Der *„Der ultimative Leitfaden für Führungskräfte zum Einsatz von KI"* ist der erste Teil seiner Reihe von Leitfäden, die nicht-technischen Führungskräften helfen sollen, in einer zunehmend KI-gesteuerten Welt erfolgreich zu sein.

GLOSSAR

Adaptive Führung: Ein Managementansatz, der traditionelle Führungskompetenzen mit KI-Tools kombiniert, um auf sich ändernde Geschäftsbedingungen zu reagieren.

Algorithmische Entscheidungsunterstützung: Der Einsatz von KI-Systemen zur Analyse von Daten und zur Abgabe von Empfehlungen für Führungsentscheidungen.

Analysen zum Veränderungsmanagement: KI-gestützte Tools, die Führungskräften dabei helfen, organisatorische Veränderungen zu überwachen und zu steuern.

Anwendungen des maschinellen Lernens: Spezifische Einsatzmöglichkeiten von ML-Algorithmen zur Unterstützung von Führungsaufgaben und Entscheidungsfindungen.

Assistent für strategische Planung: KI-Tools, die die Entwicklung und Verfeinerung von Geschäftsstrategien unterstützen.

Datengesteuerte Führung: Führungsansatz, bei dem KI-analysierte Daten als Grundlage für strategische Entscheidungen und das Teammanagement dienen.

Datenkompetenz: Die Fähigkeit, Daten effektiv zu lesen, zu verstehen und zu kommunizieren.

Digitale Transformation: Der Prozess der Integration digitaler Technologien, einschließlich KI, in Geschäftsabläufe.

Ethische KI: Die Entwicklung und Implementierung von KI-Systemen, die moralischen Grundsätzen und organisatorischen Werten entsprechen.

Feedback-Analyse: KI-gestützte Verarbeitung von Mitarbeiter- und Kundenfeedback zur Identifizierung von Mustern und Erkenntnissen.

Führungsanalyse: Einsatz von KI zur Analyse der Führungswirksamkeit und zur Identifizierung von Verbesserungsmöglichkeiten.

Geschäftsprozessautomatisierung (BPA): Die Implementierung KI-gesteuerter Systeme zur Optimierung sich wiederholender Aufgaben und Arbeitsabläufe.

KI-Voreingenommenen: Systematische Fehler in KI-Systemen, die zu unfairen oder voreingenommenen Ergebnissen führen können.

KI-Kompetenz: Grundlegendes Verständnis der Fähigkeiten, Grenzen und Anwendungsmöglichkeiten künstlicher Intelligenz im geschäftlichen Kontext.

KPI-Überwachung: Automatisierte Verfolgung und Analyse von Leistungskennzahlen mithilfe von KI-Tools.

Implementierungsrahmen: Strukturierter Ansatz für die Einführung von KI-Tools in Führungsmethoden und organisatorische Prozesse.

Mitarbeiterleistungsanalyse: KI-Systeme, die Führungskräften dabei helfen, die Leistung ihrer Teammitglieder zu verfolgen, zu analysieren und zu verbessern.

Natürliche Sprachverarbeitung (NLP): KI-Technologie, die Führungskräften dabei hilft, textbasierte Kommunikation zu analysieren und darauf zu reagieren.

Organisatorische Intelligenz: Kombinierte Nutzung menschlicher Erkenntnisse und KI-Analysen für ein besseres Verständnis der Organisation.

Prädiktive Analysen: KI-gestützte Prognosetools, die Führungskräften helfen, Trends und Herausforderungen zu antizipieren.

Prompt Engineering: Die Fähigkeit, effektiv mit KI-Systemen zu kommunizieren, um gewünschte Ergebnisse zu erzielen.

Rahmenkonzept für die Einführung von KI: Strukturierter Ansatz zur Implementierung von KI-Technologien in einem Unternehmen.

Ressourcenoptimierung: KI-gestützte Zuweisung von Teammitgliedern, Budget und anderen organisatorischen Ressourcen.

Strategie zur Integration künstlicher Intelligenz: Ein systematischer Plan zur Einbindung von Tools der künstlichen Intelligenz in organisatorische Prozesse und Entscheidungsfindungen.

Teamdynamikanalyse: KI-gestützte Bewertung von Teaminteraktionen, Kooperationsmustern und Effektivität.

Workflow-Optimierung: Einsatz von KI zur Identifizierung und Verbesserung ineffizienter Geschäftsprozesse.

Zeitmanagement-Intelligenz: KI-Systeme, die Führungskräften dabei helfen, ihre Zeitpläne zu optimieren und Aufgaben zu priorisieren.

REFERENZEN

Anthony, S. (15. Juli 2016). *Kodak's downfall wasn't about technology.* Harvard Business Review. https://hbr.org/2016/07/kodaks-downfall-wasnt-about-technology

Barlingen, W. van. (2024, 20. September). *AI explained for non-technical business leaders.* SIG. https://www.softwareimprovementgroup.com/ai-for-business-leaders/

Chaudhuri, S., & Mohanty, I. (24. Juli 2023). *The importance of bias mitigation in AI: Strategies for fair, ethical AI systems.* Uxmatters. https://www.uxmatters.com/mt/archives/2023/07/the-importance-of-bias-mitigation-in-ai-strategies-for-fair-ethical-ai-systems.php

De Villaumbrosia, C. G. (18. Juni 2024). *AI implementation for business leaders.* Product School. https://productschool.com/blog/artificial-intelligence/ai-implementation

Dilmegani, C. (16. Februar 2018). *100+ AI use cases & applications in 2021: In-Depth guide.* Research. https://research.aimultiple.com/ai-usecases/

Fishler, O. (2024). *Why Microsoft 365 copilot is pivotal to the future of content creation.* Alithya. https://www.alithya.com/en/insights/blog-post/why-microsoft-365-copilot-pivotal-future-content-creation

Gordon Scott. (9. April 2023). *Artificial intelligence: What it is and how it is used*. Investopedia. https://www.investopedia.com/terms/a/artificial-intelligence-ai.asp

Kashyap, P. (4. September 2024). *ChatGPT vs gemini vs copilot: A detailed comparison guide*. Upcore. https://www.upcoretech.com/insights/chatgpt-vs-gemini-vs-copilot/

Kepner-Tregoe Team. (1. Juli 2024). *AI and critical thinking: A powerful partnership in problem solving & decision making*. Kepner-Tregoe. https://kepner-tregoe.com/blogs/ai-and-critical-thinking-a-powerful-partnership-in-problem-solving-decision-making/

Laskowski, N., Tucci, L., & Craig, L. (1. Juli 2022). *What is artificial intelligence (AI)?* TechTarget. https://www.techtarget.com/searchenterpriseai/definition/AI-Artificial-Intelligence

Mensah, G. B. (November 2023). Artificial intelligence and ethics: A comprehensive review of bias mitigation, transparency, and accountability in AI systems. *ResearchGate*. https://doi.org/10.13140/RG.2.2.23381.19685/1

Milmo, D. (23. Juni 2023). Two US lawyers fined for submitting fake court citations from chatgpt. *The Guardian*. https://www.theguardian.com/technology/2023/jun/23/two-us-lawyers-fined-submitting-fake-court-citations-chatgpt

MTD Editorial Team. (17. September 2024). *How is AI changing leadership decision-making?* MTD Training. https://www.mtdtraining.com/blog/ai-leadership-decision-making.htm

Onisk, M. (2023). *Understanding your organization's AI maturity: A roadmap to transformation*. Skillsoft.

https://www.skillsoft.com/blog/understanding-your-organizations-ai-maturity-a-roadmap-to-transformation

Pote, M. (25. Januar 2024). *The dark side of AI data privacy: What you need to know to stay secure.* Coalfire. https://coalfire.com/the-coalfire-blog/the-dark-side-of-ai-data-privacy

R, A. (15. März 2024). *Deep analysis of chatgpt, microsoft copilot, and google gemini.* CloudThat Resources. https://www.cloudthat.com/resources/blog/deep-analysis-of-chatgpt-microsoft-copilot-and-google-gemini

Ray, S. (2. Mai 2023). *Samsung bans chatgpt among employees after sensitive code leak.* Forbes. https://www.forbes.com/sites/siladityaray/2023/05/02/samsung-bans-chatgpt-and-other-chatbots-for-employees-after-sensitive-code-leak/

Rojas, S. (2024). *How to empower your team with AI for eLearning success.* Sh!ft. https://www.shiftelearning.com/blog/empower-team-use-ai-elearning-success

Saber. (2024). *How is AI transforming leadership in the future of decision-making?* Saber Middle East. https://www.saber-me.com/insights/32-how-is-ai-transforming-leadership-in-the-future-of-decisionmaking

Saeed, A. (31. Juli 2024). *AI at work: How is artificial intelligence transforming the workplace?* ProServeIT Corporation. https://www.proserveit.com/blog/ai-at-work-a-comprehensive-summary-of-microsofts-findings

Shreya. (15. Februar 2022). *CCPA vs GDPR. what's the difference? [With infographic].* CookieYes. https://www.cookieyes.com/blog/ccpa-vs-gdpr/

Takyar, A. (2019, 2. August). *Ai use cases major industries.* LeewayHertz. https://www.leewayhertz.com/ai-use-cases-and-applications/

Vorecol Team. (2022). The role of technology and AI in shaping future leadership practices. *Psico-Smart.com*. https://psico-smart.com/en/blogs/blog-the-role-of-technology-and-ai-in-shaping-future-leadership-practices-165402

Yassin, M. (19. Mai 2024). *Fostering an ai-acceptance culture: Key strategies for business integration*. ProfileTree Web Design and Digital Marketing. https://profiletree.com/fostering-ai-acceptance-culture-in-your-business/

Zaman, S. (12. September 2024). *AI for business - here's how you can transform yours*. Impala Intech. https://impalaintech.com/blog/ai-for-business/

www.ingramcontent.com/pod-product-compliance
Lightning Source LLC
Chambersburg PA
CBHW061250220326
41599CB00028B/5596